보랏빛 소가 온다

-

PURPLE COW

세스 고딘 | 이주형·남수영

PURPLE COW
보랏빛 소가 온다

추천사

기획자와 마케터를 위한 영원한 고전, 세스 고딘의 《보랏빛 소가 온다》가 재출간된다는 소식이 반갑다. 독창적인 마케팅 기법을 제시해온 세스 고딘의 영감은 이 책에서 출발한다. 쉬이 읽히지만 가볍지만은 않은 이 책을 통해 시대를 초월한 브랜딩의 통찰을 얻기 바란다.

홍성태 한양대학교 경영대학 명예교수, 《모든 비즈니스는 브랜딩이다》 저자

《보랏빛 소가 온다》는 시대를 막론하고 변치 않는 마케팅 바이블이다. 세스 고딘은 이 책을 통해 변화하는 시장에 적응하는 실용적인 대안부터, 혁명적인 마케팅 인사이트까지 아주 쉽고 직관적으로 알려준다. 모든 마케터가 반드시 읽어야 할 필독서다.

장문정 엠제이소비자연구소 대표, 《팔지 마라 사게 하라》 저자

《보랏빛 소가 온다》는 출간 때부터 지금까지 나의 책장 한가운데를 차지하고 있다. 20년 전 나는 용감하게 세스 고딘에게 메일을 보냈다. 한국의 마케터를 위해 우리가 주최하는 세미나에 와주실 수 있냐는 완벽한 콜드콜이었다. 답변받으리라는 기대보다, 마케터로서 나의 고민에 고개를 끄덕일 답들을 찾게 해준, 그를 향한 헌정의 마음이었다.

나는 답장을 받았던 날의 탄성을 기억한다. 그리고 때때로 답을 찾기 어려운 막막한 순간에 그날의 탄성을 떠올린다. 나의 일을 향한 그 뜨거운 마음을 잊지 않고, 초심으로 돌아가 지금 내가 마주한 문제의 답을 찾는 과정을 기꺼이 누리는 것. 그 과정에 든든한 방향타가 되어 준 이 책을 항상 눈길이 닿는 가까운 책장에 둔다.

하루에도 수많은 브랜드가 탄생하고 사라지는 초속 변화의 시대이다. 응원하는 많은 브랜드의 고민을 마주하면서 자주 떠오르는 그의 답들은 긴 시간이 지날수록 더욱 단단해진다. 'Remarkable의 시대', 그 어느 때보다 우리의 상품을 주목할 만한 가치가 있고, 예외적이며, 새롭고, 흥미진진하게 만드는 전략이 중요하다. 이 변하지 않는 전략의 중심을 매번 새롭게 되새기며 책장을 넘긴다. 지금 이 순간에도 많은 고민으로 잠 못 이루는 모든 브랜드의 뜨거운 성장을 응원하며 이 책을 추천한다.

서은아 메타 글로벌비즈니스마케팅 동북아총괄 상무

나는 20년 전 세스 고딘으로부터 차별화의 본질을 배웠다. '리마커블'이었다. 그리고 그 가르침은 여전히 유효하다고 믿는다. 아직도 세상은 지루하고, 뻔하고, 평범한 커뮤니케이션으로 가득 차 있으니까. 포화의 시대, 차별화된 아이디어로 보랏빛 소를 만들고자 하는 모든 이에게 이 책을 권한다.

안성은 브랜드보이 대표, 《MiX》 저자

시간이 지나도 빛이 바래지 않고 오래가는 명작이 있다. 그것을 우리는 '고전'이라고 부른다. 2004년에 출간되어 지금까지 사랑받는 책 《보랏빛 소가 온다》는 마케팅의 고전 중의 고전이다. 20년 동안 세상은 많이 바뀌었지만, 마케팅의 핵심은 크게 바뀌지 않았다. 아직 안 읽은 마케터가 있다고? 이 책을 어서 집어들자. 그리고 변하지 않는 것에 집중해 보자. 여전히 '보랏빛 소'만이 살아남는다.

이승희 《일놀놀일》, 《별게 다 영감》 저자

차례

모든 면에서 리마커블했던
리오넬 푸알란Lionel Poilane을 추모하며.

한국어판 저자 서문

순두부찌개에 대해 잠깐 얘기해보자.

이 매콤한 음식은 아주 평범하다. 맛도 그냥 그렇고, 어딜 가나 다 똑같고 재미없는 빨간 찌개다. 하지만 가끔 탁월한 맛을 내는 순두부찌개가 있다. 이런 순두부찌개를 만나면, 내게 이런 취향이 있었나 싶을 정도로 순두부찌개의 새로운 세계에 눈을 번쩍 뜨게 된다. 맛을 들이면 2번이고 3번이고 발길을 끊기 힘들다. 어쩌면 주기적으로 이 순두부찌개 1그릇을 먹지 않고는 못 배길 정도로 푹 빠질지도 모른다.

우리 집에서 1시간 정도 떨어진 뉴저지주의 표지판 하나 없는 어느 외딴 마을에 내가 라이트하우스Lighthouse라고 '주장하는' 식당이 하나 있는데, 막상 가보면 한국어 간판밖에 없다. 내가 굳이 '주장하는'이라고 한 것은 한국어를 못하는 나로서는 정확한 이름을 알 수 없기 때문이다. 다 내 친구 월트(이는 옮긴이 이주형의 영어 이름이다)가 《Purple Cow》를 한국어로 번역한다고 해서 이렇게 됐으니 너그럽게 봐주시라. 아무튼 라이트하우스는 내가 여태껏 먹어본 순두부찌개 중 최고의 맛을 자랑한다. 내가 꿈에서도 상상 못 했던 아주 환상적인 맛이다.

라이트하우스는 광고하지 않는다. 근사한 웹 사이트가 있는 것도 아니다. 옥외 광고나 TV·라디오 광고도 하지 않는다. 그럴 필요가 없기 때문이다. 라이트하우스는 평범한 사람들을 위해 평범한 음식을 만든 다음 광고로 손님을 끌어들이는 게 아니라, 리마커블한 제품을 만드는 데 온 노력을 기울였다. 관심을 가진 사람들을 위한 리마커블한 제품을 만드는 것. 그리고 그 맛을 본 사람들은 주변에 소문을 퍼뜨린다.

이게 이 책이 하고자 하는 이야기다. 광고가 아닌 리마커블 마케팅 이야기. 그리고 여기에 마케팅의 미래가 달려 있다. 전 세계 어디든, 어떤 제품이든, 순두부찌개 같은 아주 간단한 음식의 미래도 여기에 달려 있다.

한국어판 출간 즈음 세스 고딘

충분치 않은 P

마케팅에 종사하는 사람들은 지난 수년간 마케팅의 '5P'에 대해 얘기했다(물론 P는 5가지보다 많지만, 각자 자기가 좋아하는 5가지를 내세우고 있다). 그 가운데 몇 개를 뽑아보면 다음과 같다.

- Product 제품
- Pricing 가격
- Promotion 촉진
- Positioning 포지셔닝
- Publicity 홍보
- Packaging 포장
- Passalong 회람
- Permission 허락

　이것이 마케팅의 체크리스트다. 이 체크리스트를 통해 당신이 마케터로서 제 몫을 다했는지 손쉽게 확인할 수 있고, 공장에서 갓 출하된 물건을 어떻게 사람들이 사게 만들지 설명할 수 있다. 만약 이 P 요소 간에 서로 어긋나는 점이 있다면 (예를 들어, 노인 대상의 으깬 음식이 아기 이유식 같은 맛을 낸다면), 마케팅 메시지는 흐릿해지고 결국 효력을 발휘하지 못한다.

　마케팅이 항상 효과 있으리라고 장담하기는 어렵다. 과거에는 모든 P 요소들이 제대로 갖추어진다면, 적어도 실패하지는 않았다. 그러나 이제 기존의 P들만 가지고는 충분하지 않다. 이 책은 새로운 P, 갑작스럽게 유난히도 중요해진 어떤 P에 관한 이야기이다.

새로운 P

새로운 P는 바로 '보랏빛 소Purple Cow'다.

몇 년 전 가족과 프랑스를 여행할 때의 일이다. 우리는 소 떼 수백 마리가 고속도로 바로 옆 그림 같은 초원에서 풀을 뜯고 있는 모습에 매혹되었다. 수십 킬로미터를 지나도록 모두 창밖에 시선을 빼앗긴 채 감탄했다. "아, 정말 아름답다!"

그런데 얼마 지나지 않아, 그 소들은 외면당했다. 새로 나타난 소들은 아까 본 소들과 다를 바 없었고, 한때는 경이롭던 것들이 평범해 보였다. 아니, 평범함 그 이하였다. 한마디로 지루하기 짝이 없었다. 그 소들이 완벽한 놈, 매력적인 놈, 성질 좋은 놈이라 할지라도. 아무리 아름다운 햇빛 아래 있다고 해도 지루하기는 마찬가지다.

그런데 만약 '보랏빛 소'라면… 이제는 흥미가 당기는가? 퍼플 카우의 핵심은 '리마커블remarkable'이다. 사실 리마커블이 P로 시작했다면, 굳이 소 떼 타령을 하지도 않았을 것이다. 이 책에서는 왜 리마커블해야 하는지, 무엇이 리마커블한지, 어떻게 하면 리마커블할 수 있는지에 대해 살펴보려 한다.

새로운 개념 정의

• 리마커블remarkable   이야기할 만한 가치가 있다는 뜻. 주목할 만한 가치가 있고, 예외적이고, 새롭고, 흥미진진하다. 한마디로 보랏빛 소. 따분한 것들은 눈에 보이지 않는다. 그건 누런 소와 같다.

• 리마커블 마케팅remarkable marketing   마케팅한답시고 막판 눈가림으로 덕지덕지 바르는 게 아니라, 그 자체로 주목할 만한 제품이나 서비스를 만들어내는 기술. 상품 자체가 리마커블하지 않으면 눈에 띄지 않는다는 사실을 이해하는 것.

• TV-산업 복합체TV-industrial complex   '소비자 욕구', 'TV 광고', '계속해서 늘어나는 마케팅 비용 투자에 힘입어 성장하는 기업들' 사이의 공생 관계를 가리킨다.

• 탈 소비형 소비자post-consumption consumer 살 것이 별로 없는 소비자. 필요한 물건은 이미 다 가지고 있고, 원하는 제품도 별로 없으며, 너무 바빠서 당신이 열심히 만들어놓은 물건을 찾아다닐 시간이 없다.

• 마케팅 부서marketing department 완성 직전의 제품이나 서비스를 가져다가 그것의 장점을 목표 소비자에게 전달하는 데 돈을 쓰는 집단. 이런 방법은 더 이상 통하지 않는다.

나는 우리가 대중을 향해 직접 마케팅할 수 없는 상황에 이르렀다고 생각한다. 대부분의 상품이 눈에 띄지 않는 세상이다. 지난 20년 동안 선견지명이 있는 경제경영 분야 저술가들은 마케팅의 힘이 달라지고 있음을 지적했다. 마케터들은 그 주장을 토의하고 부분적으로 적용하기도 했지만, 낡은 마케팅 전략의 본질만은 그대로 유지했다.

그런 전통적인 방법은 이제 쓸모없다. 과거 100년 동안의 마케팅 이론은 그 수명이 다했다. 대안적인 방법은 신기해서 몇 번 시도하고 말 것이 아니다. 우리에게는 이 길 말고 다른 대안은 없다.

이 책은 왜 당신이 만드는 모든 것이 '퍼플 카우'여야 하는지, 매스 미디어가 왜 비밀 무기가 되지 못하는지, 마케터의 사명이 완전히 달라진 이유가 무엇인지를 알려줄 것이다. 광고는 집어치우고 혁신을 시작하라!

그 이전, 그동안, 그 이후

광고의 시대 이전에는 입소문이 있었다. 쓸모 있다 싶은 제품과 서비스는 사람들의 입에 오르내렸고 팔려나갔다. 시장에서 어느 야채상이 제일 좋은 가게라고 평판을 얻게 되면, 그 가게는 언제나 손님들로 북적댔다.

광고의 시대에는 지속적인 경제 성장, 끝이 보이지 않는 소비자들의 욕구, 매스 미디어의 힘이 결합되어 다음과 같은 마법의 공식이 도출됐다. '모든 소비자에게 직접 광고하면, 매출은 증가할 것이다!' 과거에는 제대로 된 광고 대행사와 확실한 투자자만 확보하면, 어떤 회사든지 거의 원하는 대로 키워나갈 수 있었다.

광고의 시대 이후, 우리는 출발했던 지점으로 돌아왔다. 그러나 느리고 통제하기 힘든 입소문 대신, 새로운 네트워크의 힘으로 각계각층의 사람들에게 리마커블한 아이디어를 빠른 속도로 확산시킬 수 있게 됐다.

　마케터 입장에서 우리는 과거의 전략이 통하지 않는다는 사실을 잘 알고 있다. 또한 그 이유도 잘 파악하고 있다. 소비자들은 너무 바빠서 광고에 눈길조차 주지 않는다. 하지만 각자의 문제를 해결할 좋은 물건을 찾는 데는 필사적이다.

조각 식빵의 성공 이유

1912년 오토 프레데릭 로웨더Otto Frederick Rohwedder는 식빵을 조각내는 기계를 발명했다. 간단한 기계가 덩어리 빵을 조각으로 잘라내다니, 얼마나 획기적인 아이디어인가? 하지만 이 기계는 완전히 실패작이었다. 그땐 이미 광고의 시대가 시작됐을 때였고, 아무리 좋은 제품이라도 형편없는 마케팅으로는 성공을 기대하기 어려웠다.

로웨더의 발명품은 그 후 거의 20년이 지나서 빛을 봤다. 원더Wonder라는 브랜드가 조각 식빵 마케팅을 시작한 것이다. 그러나 이 제품의 성공 요인은 미리 잘라놓은 식빵이라는 편리함과 기술 혁신이 아니라, 포장과 광고 문구였다.

혁명을 눈치챘는가?

지난 20년 동안, 조용한 혁명이 마케팅에 관한 사람들의 생각을 변화시켰다. 톰 피터스Tom Peters는《톰 피터스 경영창조》를 통해 혁명의 서막을 열었다. 그는 열정으로 무장한 사람만이 미래를 여는 획기적인 제품을 창조할 수 있다고 역설했다. 대기업들은 과하게 두려워한 나머지, 어떠한 변화도 최소화하려고 노력한다. 특별한 것을 만들어내는 사람들로 인해 일어나는 긍정적인 변화까지 말이다.

돈 페퍼스Don Peppers와 마사 로저스Martha Rogers는《1대1 마케팅 혁명》을 통해 새로운 고객을 찾는 것보다 기존의 고객을 유지하는 게 훨씬 더 경제적이라는 'CRMCustomer Relationship Management 분야'를 개척했다. 페퍼스와 로저스에 따르면 고객은 잠재 고객, 고객, 애호 고객, 과거 고객의 4가지 부류로 나뉘는데, 그중 돈을 많이 쓸 가능성은 애호 고객이 가장 크다.

《제프리 무어의 캐즘 마케팅》의 저자 제프리 무어Geoffrey A. Moore는 새로운 아이디어가 사람들 사이에 어떻게 퍼지는 가를 설명했다. 이러한 확산은 어떤 곡선을 따라 이루어지는 데, 그 출발점에는 이노베이터innovatiors와 얼리 어댑터early adopters가 있고, 다수 수용자majority를 거쳐, 지각 수용자lag-gards에게까지 퍼진다. 무어는 테크놀로지 제품에 초점을 맞추었지만, 그의 아이디어 확산 곡선에 나타난 통찰력은 모든 상

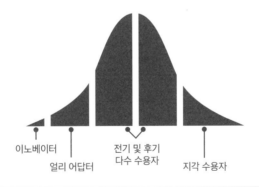

이노베이터   전기 및 후기
얼리 어댑터   다수 수용자   지각 수용자

무어의 '아이디어 확산 곡선(idea diffusion curve)'은 성공적인 비즈니스 혁신이 어떻게 확산되는지, 그리고 최종적으로 모든 사람에게 퍼질 때까지 어떻게 더욱 많은 소비자에게 영향을 미치게 되는지를 보여준다. X축은 시간이 흐름에 따라 새로운 아이디어가 만나게 되는 다양한 집단들을 보여주며, Y축은 각 집단에 얼마나 많은 사람이 속하는지를 나타낸다.

품이나 서비스에 적용할 수 있다.

《티핑 포인트》의 저자 말콤 글래드웰Malcolm Gladwell은 아이디어가 어떤 한 사람에게서 시작되어 다른 사람들에게 퍼져나가는 모습을 명확하게 밝혀냈다. 나는 《아이디어 바이러스》에서 이러한 분석을 한층 더 심화시켜, 가장 효율적인 비즈니스 아이디어는 퍼져나가는 아이디어라고 주장했다. 그리고 《퍼미션 마케팅》을 통해, 광고에 대한 소비자들의 무관심 때문에 마케터들이 전에 없는 곤경에 빠졌다고 설명했다. 또한 기업은 잠재 고객의 관심을 기업의 자산으로 여길 때 성공한다고 주장하며, 이러한 관심을 잠깐 이용하고 내팽개쳐서는 안 된다고 강조했다.

이러한 이론들은 타당성이 입증됐지만, 많은 기업체에서 그저 신기한 이론 정도로 취급받는다. 내 친구 낸시는 전 세계에서 가장 큰 소비재 회사의 뉴 미디어 부서 책임자이다. 그런데 그녀의 부서에는 낸시 말고 아무도 없다. 그녀 혼자 새로운 마케팅 이론과 아이디어들을 모두 책임지고 있다. '뉴 미디어'는 '예산 없음'의 동의어가 됐나 보다.

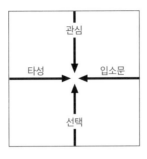

진저리가 난 소비자들은 어떤 광고에도 주목하려고 하지 않는다. 마케터는 메시지를 전달조차 할 수 없다. 소비자들은 TV 광고를 자세히 살펴보기보다는, 이미 써보고 믿을 만한 회사나 주변의 현명한 친구들에게 의존한다.

기업들은 전통적인 마케팅 기법이 힘을 잃어가고 있다는 현실은 인정하지 않은 채, 타당성이 입증된 새로운 기법을 '한 번 재고해 볼 필요는 있지만, 결코 핵심적인 전략으로는 삼을 수 없는' 일시적 유행처럼 취급하고 있다.

왜 퍼플 카우가 필요한가

40년 전, 어느 동네 묘지 옆에 툼스톤 탭Tombstone Tap이라는 작은 바가 있었다. 이 가게 주인 론 지멕Ron Simek은 자기네 피자를 냉동 피자 형태로 팔기 시작했다. 이 냉동 피자는 인기를 끌었고, 얼마 되지 않아 툼스톤 피자Tombstone Pizza는 동네 식료품점의 냉동칸마다 자리하게 됐다. 이후 1986년 대형 식품회사인 크래프트 푸드Kraft Foods는 툼스톤 브랜드를 인수했고, 미친 듯이 광고해 수십억 달러를 벌었다. 가히 미국의 위대한 성공담이라 부를 만하지 않은가.

'모든 사람이 원하는 상품을 개발하고, 대중에게 어필하도록 광고하라. 그러면 떼돈을 벌 것이다.' 이러한 전략이 냉동 피자 하나만 성공시킨 것은 아니다. 아스피린을 포함해 우리의 집에 있는 거의 모든 제품이 이런 전략의 덕을 보았다.

아스피린을 처음 세상에 선보인 마케터가 얼마나 신났을지 상상해보라. 지구상의 거의 모든 사람이 필요로 하고, 값도 저렴하며, 복용하기도 편리하고, 효과도 빠른 제품을 마케팅한다고 말이다.

아스피린은 대성공이었다. 약국에 가서 잠깐만 봐도 이렇게 많은 진통제가 있다. 애드빌Advil, 알리브Aleve, 알카-셀쳐 모닝 릴리프Alka-Seltzer Morning Relief, 애너신Anacin, 아스크립틴Ascriptin, 애스퍼검Aspergum, 바이엘Bayer, 바이엘 어린이용 Bayer Children's, 바이엘 레지먼Bayer Regimen, 바이엘 여성용Bayer Women's, BC, 버퍼린Bufferin, 코프Cope, 에코트린Ecotrin, 엑시드린 엑스트라 스트랭스Excedrin Extra Strength, 구디스Goody's, 모트린Motrin, 넙린Nuprin, 세인트 조셉St. Joseph, 타이레놀Tylenol, 뱅퀴시Vanquish. 각각의 브랜드 안에는 다양한 종류가 있는 데다 상표 없는 약까지 다 합친다면 100개도 넘는다.

아스피린 마케터가 아직도 편안한 자리라고 생각되는가? 만약 당신이 신종 진통제를 개발했고, 다른 진통제보다 조금은 낫다 치자. 당신은 어떻게 마케팅할 것인가? 만약 자금 사정이 넉넉하고 진통제의 우수성에 확신이 있다면, 아마 당신이 취할 행동은 있는 돈을 다 쏟아부어 지상파 TV와 인쇄 매체에 광고하는 것이다.

하지만 몇 가지 문제에 직면하게 된다. 먼저 진통제를 사려는 사람이 있어야 한다. 진통제 시장이 크다고는 하지만, 모든 사람이 진통제를 사지는 않는다. 잠재 고객을 찾았다고 해도 새로운 진통제를 사보려는 사람이 있어야 한다. 대부분은 어릴 때부터 애용한 진통제를 선택하기 때문이다. 믿을 만하고 효과 좋은 진통제를 이미 알고 있는데, 무엇 때문에 다른 약을 찾으려고 시간을 허비하겠는가.

끝으로 사람들이 새로운 진통제의 광고에 귀를 기울여야 한다. 당신이 아무리 광고를 많이 해도, 사람들은 너무 바빠서 들을 시간이 없다. 당신의 잠재 고객은 이 세상 모든 사람 가운데 미미한 파편에 불과한 소수의 집단으로 줄어든 셈이다. 이런 소수의 잠재 고객은 찾기도 어려울 뿐 아니라, 그들도 까다롭기는 매한가지다.

냉동 피자 분야에서 최초가 된다는 건 아주 좋은 아이디어였다. 진통제 시장에서 최초가 된다는 건 더 좋은 아이디어였다. 아뿔싸! 이 두 시장에 모두 한발 늦다니. 요가 책을 예로 살펴보자. 요가 책의 문제점은 이미 요가 책들이 너무 많이 나와 있다는 사실이다. 요가 책이 그리 흔치 않았던 몇 년 전만 해도, 양질의 요가 책 딱 1권만 있으면 그 출판사는 성공하기 어렵지 않았다. 요가에 관심 있는 사람들은 동네 서점에 들러 당시 서너 권밖에 없던 책들을 쭉 훑어보고는 그중 1권을 샀다.

그러나 이제는 요가 책이 무려 500권도 넘는다. 아무리 요가에 의욕적이라 해도, 500권이나 되는 책을 꼼꼼히 살펴보고 그중 1권을 선택할 사람은 아무도 없다. 그러니 만약 방금 요가 책을 집필했다면, 당신 앞에는 커다란 도전이 기다리고 있다. 경쟁이 엄청나게 치열할 뿐 아니라, 이미 문제를 해결한 사람에게는 새로운 요가 책이 쓸모가 없다. 몇 년 전 서점에서 요가 책을 샀던 장본인들은 이제 요가 책을 사지 않는다.

이게 바로 거의 모든 산업에서 마케팅이 직면한 현실이다. 그것이 상품이든, 서비스든, 일반 소비자 대상 마케팅이든, 기업 대상 마케팅이든 상황은 별로 다르지 않다.

- 대부분은 당신의 제품을 사지 못한다. 사람들은 돈이 없거나, 시간이 없거나, 당신의 제품을 원하지 않는다.
- 잠재 고객이 충분한 돈이 없어 물건을 사지 못한다면, 당신은 시장 자체가 없는 것이다.
- 잠재 고객이 시간이 없어 당신의 광고에 귀를 기울이지 못한다면, 당신은 투명 인간 취급 당한 것이다.
- 만약 잠재 고객이 시간을 들여 광고를 들어주더라도 안 사겠다고 결정해 버린다면 더 나아가기가 힘들어진다.

선택 가능한 제품의 수

이용 가능한 시간

세상이 변했다. 선택의 폭은 엄청나게 늘어났지만, 정작 선택하는 데 들일 수 있는 시간은 줄어들었다.

　20년 전만 해도 이렇지 않았다. 그때 소비자들은 시간이 아주 많았고, 선택할 물건은 훨씬 적었다. 돈을 써버릴 데가 그렇게 많지 않았기 때문에, 어떤 기업이 휴대전화같이 혁신적인 제품을 시장에 내놓으면, 어떻게 해서든 그것을 살 방도를 찾았다.

　생산성이 매우 높았던 우리 경제는 사람들의 필요를 충족시키는 방법을 오래전에 터득했다. 그러나 이제 상황은 달라졌고, 문제는 사람들의 욕구를 어떻게 충족시키냐에 귀결됐다. 마케터는 소비자들이 더욱더 많은 걸 원하도록 유혹했고, 소비자는 유행에 뒤지지 않으려 최선을 다해 소비했다.

　당신의 제품을 살 수 있었을 사람들 중 대부분은 당신의 제품에 대해서 들으려 하지 않는다. 너무나 많은 물건이 있기 때문에 매스 미디어를 통해 소비자들에게 다가가는 건 쉽지 않다. 당신과 당신의 경쟁사가 기존의 시장 점유율을 유지하기 위해 돈을 펑펑 쓰고 있는 동안에도, 바쁜 소비자들은 스스로 원하지 않는 메시지는 무시한다.

　설상가상으로 퍼미션 미디어permission media(원하는 수신자에게만 메시지를 전달하는 미디어 - 역자 주)를 통해 사람들에게 다가

가는 일 또한 점점 더 어려워지고 있다. 당신이 고객의 이메일 주소나 전화번호를 갖고 있는 것과, 그들이 당신으로부터 얻고 싶어 하는 정보는 다르다. 그리고 스팸 문제는 제쳐두고라도, 설령 사람들이 당신에게 전화나 우편, 이메일로 어떤 정보를 받겠다고 허락한 때도, 이것이 어떤 추가 행동으로 이어질 확률은 희박하다. 또한 당신의 제품에 만족하고 있는 소비자들도 예전만큼 당신의 메시지에 귀를 기울이지 않는다. 당신이 전달하는 메시지가 고객이 현재 가진 문제를 해결하지 못하기 때문이다.

무엇이 소비자를 만족시키는지 기업들이 전보다 더 잘 알고 있으므로, 그보다 더 만족을 줄 수 있는 새로운 상품을 내놓기가 갈수록 힘들어진다. 전 미국 특허청장이 한 말을 인용하자면, 우리가 필요할 것이라고 상상할 수 있는 모든 물건은 대부분 이미 발명됐다.

마케터가 직면한 마지막 고충은 소비자들이 이미 만족하는 시장의 경우 아이디어 바이러스 네트워크를 촉발하는 것도 무척 힘겹다는 사실이다. 소비자들은 이미 넘쳐나는 상품들로 진절머리가 난 상태이기 때문에, 자기 얘기를 듣고 기뻐할 것이라고 확신하기 전에는 굳이 어떤 제품에 대해 주변 사람들에게 얘기할 가능성이 희박하다. 최근에 누군가 당신에게 새로 나온 진통제에 관해 얘기한 적이 있는가? 이미 세상은 숱한 소음으로 가득 차 있고, 소비자들은 그런 난장판에 끼어들려 하지 않는다.

이는 단지 일반 소비재에만 국한된 현실이 아니다. 기업 대상 제품이나 산업용 원자재도 똑같이 적용된다. 업무용으로 무언가를 사야 하는 사람들도 예전처럼 절실하지 않다. 당신보다 먼저 시장을 개척한 업체들은 기업 내부의 타성 덕분에 유리한 고지를 차지하고 있다. 당신이 시장 점유율을 늘리거나 새롭게 시장에 진입하려 한다면, 엄청난 도전이 당신 앞에 놓여 있다. 자, 이제 밑줄을 그어라!

- 확실한 시장은 이미 선점됐기 때문에, 우리가 쉽게 해결해줄 수 있는 문제를 가진 소비자는 거의 없다.
- 소비자들은 당신을 외면하기 때문에 다가가는 일 자체가 힘들다.
- 만족한 소비자들도 친구들에게 얘기하려고 하지 않는다.

과거의 마케팅 법칙은 이제 통하지 않는다. 죽어가는 마케팅아, 다시 살아나다오!

TV-산업 복합체의 죽음

악명 높았던 군산 복합체軍産複合體, military-industrial complex를 기억하는가? 그 기본 아이디어는 간단했다. 정부는 무기 구매에 세금을 지출한다. 무기 제조 회사들은 이 돈을 받고 무기를 생산하고, 고용을 늘린다. 고용 증대에 따라 국민은 더 많은 세금을 낸다. 정부는 거둬들인 세금으로 더 많은 무기를 구매한다. 이렇게 모두에게 이로워 보이는 순환 구조가 탄생했다. 정부는 점점 더 커졌고, 고용도 증가했다. 표면적으로는 모두에게 좋은 것처럼 보였다.

군산 복합체가 전 세계에 많은 해악을 끼치긴 했지만, 이것이 일종의 공생 구조였다는 사실은 부정할 수 없다. 어느 한쪽이 커지고 자라나면, 다른 한쪽 또한 성장하고 번창했으니 말이다.

지난 반세기 동안 사람들의 주목을 별로 받지 않은 다른 형태의 공생 관계가 있다. 이 체제는 갖가지 부작용을 낳기는 했지만 군산 복합체보다 더 많은 부를 창조했다. TV-산업 복합체TV-industrial complex다. 우리가 TV-산업 복합체에 대해 걱정하는 것은 지금 이 시스템이 무너지고 있기 때문이다. 우리는 이 시스템을 중심으로 강력한 경제 성장의 원동력을 구축했는데, 이제는 그 구심점이 사라지고 있다. TV-산업 복합체의 죽음이야말로 오늘날 우리 기업들이 겪고 있는 온갖 혼란이 일어나게 된 근본적인 원인이다.

TV-산업 복합체의 원리 역시 간단했다. 성장 가능성은 크지만, 아직 선점되지 않은 틈새시장을 찾는 것이다. 그리고 공장을 짓고, TV 광고를 많이 하라. 이렇게 광고만 뒷받침되면 판로는 저절로 확보되고 매출로 이어질 것이다. 매출이 늘어나면 공장을 바삐 돌려야 하고, 결국에는 이윤이 창출된다.

기민한 사업주는 여기서 모든 이윤을 광고에 재투자했다. 그러면 늘어난 광고 덕분에 유통망은 더욱 확대됐고, 공장도 더 필요하게 됐다. 이렇게 해서 완벽해 보이는 순환 구조가 구축됐고, 수익성 높은 거대 브랜드가 탄생했다.

일단 강력한 브랜드가 탄생하면 가격을 올리기가 한결 쉬워진다. 이윤은 한층 더 늘어나고, TV 광고에 더 많은 돈을 할애하게 된다. 소비자들은 'TV에서 방영 중'이라는 말이 품질을 보증한다고 믿기 때문에, 필요한 물건을 TV 광고에서 찾게 된다. 반면 광고를 하지 않는 제품은 판로를 잃고, 결국 이윤마저 없어지게 된다.

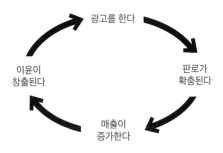

이것이 무슨 로켓 과학같이 복잡한 것은 아니지만, 그렇기 때문에 오히려 막강한 힘을 발휘했다. P&G 같은 배짱 두둑한 거대 기업이 이 간단한 원리를 도입함으로써 시장을 거의 독점할 수 있었다.

이러한 과거의 시스템으로 화장품 회사 레블론Revlon도 효과를 봤다. 레블론의 창업자 찰스 레브슨Charles Revson은 초창기 주요 TV 광고주 가운데 한 사람이었는데, 그 광고 덕분에 레블론은 눈부시게 성장했다. 찰스 레브슨이 이윤을 어디에 썼겠는가? 더 많은 TV 광고를 하는 데 썼다.

1962년 한 잘나가는 광고 대행사가 TV 애니메이션 불윙클Bullwinkle의 제작자 제이 워드Jay Ward를 고용해 광고를 제작했다. 제이 워드는 캡틴크런치Cap'n Crunch를 창조해서 애니메이션 광고를 가지고 돌아왔다. 그러고 나서야 비로소 시리얼 회사 퀘이커Quaker는 시리얼을 생산하기 시작했다.

퀘이커는 광고만 있으면, 그 광고를 TV에 반복 방영하여 미국의 모든 어린이의 마음속에 캡틴의 이미지를 심을 수 있다는 사실을 알고 있었다. 시리얼 생산은 그다음 문제였다. 오늘날 어느 누가 당신의 광고를 만든다 해도, 당신이 캡틴크런치를 새롭게 출시한다는 건 불가능하다. 아이들은 귀를 기울이지 않는다. 어른들은 말할 것도 없다.

소비자들은 동네 구멍가게의 아이들 같았다. 주머니에는 코 묻은 동전이 가득 차 있었고, 아이들은 무언가를 사려고 안

달이 났다. 그들은 TV에서 물건을 고르고 상점에 가서 물건을 샀다. 무엇에 쫓기는 사람들처럼 집 안과 냉장고와 창고를 채우기 위해 혈안이 됐다.

아래에 나열한 P&G Procter & Gamble의 브랜드 목록을 잠시만 살펴보아도, TV-산업 복합체의 존재를 입증하는 강력한 증거를 발견할 수 있다. 이 목록을 읽으면서 당신 머릿속에 떠오르는 이미지와 사운드를 밀어낼 수 있겠는가?

볼드Bold, 바운스Bounce, 바운티Bounty, 캐스케이드Cascade, 샤밍Charmin, 치어Cheer, 커버 걸Cover Girl, 크레스트Crest, 돈Dawn, 다우니Downy, 폴저스Folgers, 헤드 앤드 숄더Head & Shoulders, 허벌 에센스Herbal Essences, 아이보리Ivory, 맥스 팩터Max Factor, 미스 클레럴Miss Clairol, 미스터 클린Mr. Clean, 나이스 엔 이지Nice 'n Easy, 녹스지마Noxezema, 나이퀼NyQuil, 오일 어브 올레이Oil of Olay, 올드 스파이스Old Spice, 팸퍼스Pampers, 펩토-비스몰Pepto-Bismol, 프링글스Pringles, 세이프가드Safeguard, 스코프Scope, 시크릿Secret, 탬팩스Tampax, 타이드Tide, 빅스Vicks, 비달 사순Vidal Sassoon, 제스트Zest.

여기에 유난히 광고가 짜증 나는 위스크Wisk나 아이리시스프링Irish Spring 같은 제품을 추가한다면, 얘기는 분명해진다. 이런 제품을 광고하는 건 엄청나게 효과가 있었다.

TV-산업 복합체의 위력은 아무리 강조해도 지나치지 않다. 아침 식사용 시리얼을 살 때마다 TV의 위력을 맛보게 된다. 30년 전쯤 봤을 광고 때문에 당신은 시리얼을 사는 데 매번 1~2달러를 더 들이고 있을지도 모른다. 평생 TV 광고 때문에 추가로 나가는 돈이 한낱 시리얼을 사는 데만 수천 달러는 들 것이다.

물론 이런 현상이 소비재 브랜드에만 국한된 얘기는 아니다. 존 행콕John Hancock, 메릴 린치Merrill Lynch, 프루덴셜Prudential도 마찬가지고, 아처 대니얼스 미들랜드Archer Daniels Midland, 지프Jeep, 로널드 레이건Ronald Reagan의 경우에도 다를 바 없다. 대형 브랜드와 거대 아이디어가 우리 삶에 엄청난 영향을 미친다.

TV 광고는 지금까지 발명된 판매 수단 가운데 가장 효과적이었다. '미국의 세기'라고 할 수 있는 지난 20세기에 우리가 누렸던 번영과 성공은 상당 부분 우리 기업들이 TV라는 매체를 완벽하게 이해해서 철저하게 활용한 덕분이었다.

우리의 자동차, 우리의 담배, 우리의 옷, 우리의 음식까지. TV 광고를 통해 효과적으로 광고됐던 모든 제품은 TV라는 매체 때문에 변화를 겪었다. 마케터는 제품을 판매하기 위해 TV를 이용했지만, TV 스스로 상품의 생산과 마케팅 과정을 변화시키기도 했다. 그 결과, 소비자층의 관심을 사로잡는 우리의 능력과 우리 공장 간의 시너지 효과를 극대화하기 위해 마케팅의 모든 P 요소들이 상호 조정됐다.

물론 쇠락의 길을 걷고 있는 건 TV뿐만이 아니다. 신문이든 잡지든 소비자의 행동에 개입하려는 모든 매체가 똑같은 상황이다. 개인이든 기업이든 누구도 광고에 주목하지 않는다.

TV-산업 복합체는 반세기라는 긴 시간 동안 유지됐다. 그런데 너무 오래되다 보니, 과거에 그토록 효과적인 광고와 전략을 고안했던 사람들마저 모두 가버렸다. 필립 모리스Philip Morris나 제너럴 푸드General Foods에는, 이제 TV 광고 덕분에 대기업이 되기 전의 시절은 어떠했는지 기억하는 사람은 아무도 없다.

그리고 바로 이게 문제다. TV-산업 복합체는 피를 철철 흘리면서 죽어가고 있는데, 대부분의 마케터들은 여기에 어떻게 대처해야 하는지 해결의 실마리조차 찾지 못한다. 매일매일 기업들은 TV-산업 복합체의 영광을 되살리기 위해 수백만 달러를 쏟아붓고 있다. 그리고 매일매일 이러한 노력은 실패로 끝나고 있다.

과거의 법칙은 이랬다.

"안전하고 평범한 제품을 만들고
이를 위대한 마케팅과 결합하라."

새로운 법칙은 이렇다.

"리마커블한 제품을 창조하고
그런 제품을 열망하는 소수를 공략하라!"

이 법칙을 간단한 그림으로 설명할 수 있다.

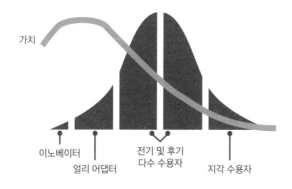

가치

이노베이터

얼리 어댑터

전기 및 후기
다수 수용자

지각 수용자

과거의 마케터는 도달할 수 있는 소비자 집단의 크기를 중요시했다. 위 검은색 곡선
에서 가운데 높은 부분이 목표였다. 매스 마케팅은 전통적으로 전기 및 후기 다수 수
용자를 겨냥했는데, 이 집단이 가장 크기가 컸기 때문이었다. 그러나 많은 경우 집단
의 가치는 그 크기와 관련되지 않고, 그 집단의 영향력과 관련되어 있다. 이 시장을
예로 놓고 보자면, 얼리 어댑터 집단이 다른 나머지 집단에 크나큰 영향을 미친다.
따라서 얼리 어댑터 집단을 설득하는 게 다른 집단의 소비자를 설득하기 위해 광고
비를 허비하는 것보다 훨씬 더 가치 있는 일이다.

이전과 이후

TV-산업 시대TV-Industrial Age	탈 TV 시대Post-TV Age
• 평범한 제품	• 리마커블한 제품
• 모든 이를 대상으로 광고	• 얼리 어댑터에 집중적으로 광고
• 실패에 대한 두려움	• 두려움에 대한 두려움
• 긴 주기	• 짧은 주기
• 사소한 변화	• 획기적인 변화

폭스바겐Volkswagen의 오리지널 비틀Beetle은 그렇게 참신하진 않다. 기발한 광고 덕분에 판매 부진에서 벗어나기 전까진 맥을 못 추고 있었다. 하지만 TV 광고와 인쇄 광고를 발판으

오리지널 비틀을 모든 이에게 알린 바로 그 광고.

로, 오리지널 비틀은 50년 동안 많은 돈을 벌어들였다. TV-산업 복합체의 위력을 여실히 보여준 전형적인 모범생이다.

반면 뉴 비틀New Beetle의 성공 요인은 디자인과 주행감이다. 좋은 평가, 입소문, 탁월한 디자인까지. 동그랗게 생긴 뉴 비틀이 상자 모양으로 생긴 SUV가 가득 찬 도로를 지나가기만 해도 그 자체로 마케팅이었다.

폭스바겐은 뉴 비틀이 출시된 지 겨우 3년 만에, 새로운 디자인과 기능을 추가했다. 다시 한번 뉴 비틀을 흥미진진한 제품으로 만든 거다. 퍼플 카우는 확실히 통한다. 아뿔싸! 그렇지만 퍼플 카우의 효력은 찬란했던 과거의 TV 지배만큼 오래 지속되지는 않는구나.

TV-산업 복합체 제품

바비Barbie, 프렐Prell, 하니웰Honeywell, 유나이티드 항공 United Airlines, 맥도날드McDonald's, 말보로Marlboro, 캡틴크런치, 배틀링 탑스Battling Tops, 엑시드린Excedrin, 오리지널 비틀

퍼플 카우 제품

스타벅스Starbucks, 매직 카즈Magic Cards, 닥터 브로너스Dr. Bronner's, 리눅스Linux, 제트블루JetBlue, 아웃백 스테이크하우스Outback Steakhouse, 모텔 6Motel 6, MP3, 닥터 벅Dr. Bukk, 프로잭Prozac, 뉴 비틀

뉴 비틀

뉴 비틀의 성공 요인은 디자인과 주행감이다. 좋은 평가, 입소문, 탁월한 디자인까지. 동그랗게 생긴 뉴 비틀이 상자 모양으로 생긴 SUV가 가득 찬 도로를 지나가기만 하면, 그 자체로 마케팅이었다.

폭스바겐은 뉴 비틀이 출시된 지 겨우 3년 만에, 새로운 디자인과 다양한 기능을 추가했다. 다시 한번 뉴 비틀을 흥미진진한 제품으로 만든 것이다. 퍼플 카우는 확실히 통한다. 아뿔싸! 그렇지만 퍼플 카우의 효력은 찬란했던 과거의 TV 지배만큼 오래 지속되지는 않는구나.

무엇이 통하는가?

위대한 이론을 정립하는 좋은 방법 중 하나는 성공한 사례들을 분석한 다음, 그 사례 간에 공통점을 찾아내는 것이다. 그러나 마케팅에 이런 방법을 사용하면 혼란스럽기만 하다.

포시즌스Four Seasons와 모텔 6Motel 6 사이에 어떤 공통점이 있을까? 둘 다 숙박업계에서 보기 드문 성공과 매출 증가세를 경험했다는 사실을 제외하면, 이 둘 사이에는 어떤 공통점도 찾기 힘들다.

또 월마트Wal-mart와 니만 마커스Neiman Marcus는 같은 시기에 성장했다는 사실 말고 일치하는 부분이 하나라도 있는가? 30일마다 신제품을 내놓는 노키아Nokia와 과거 15년 동안 줄곧 똑같은 게임보이Game Boy를 마케팅하는 닌텐도Nintendo는 또 어떤가?

아무런 생각 없이 성공한 업체들을 따라 하다가는 백미러 보며 운전하는 꼴이 되기 쉽다. 물론 과거에는 통했던 방법이 지만, 그것이 미래에도 그럴 것인지 누가 알 수 있을까?

성공한 기업들 사이에 공통으로 발견되는 사실은 이들 사이에 아무런 공통점도 없다는 것이다. 성공한 기업들은 별종이다. 그들은 극단에 있다. 극도로 빠르거나 극도로 느리다. 엄청나게 비싸거나 엄청나게 싸다. 무지하게 크거나 무지하게 작다.

앞서 나간 기업을 따라 하기가 힘든 이유는 무엇일까. 그들은 리마커블한 무언가를 했기 때문에 앞서 나갔다. 그런데 그 리마커블한 방법은 이미 누군가가 사용했고, 당신이 그것을 따라 할 때는 이미 리마커블하지 않다.

나는 왜 〈월 스트리트 저널〉만 보면 짜증 날까

〈월 스트리트 저널〉은 진부한 마케팅 이론의 수호자다. 매일 같이 수백만 달러짜리 전면 광고가 이 신문을 덮는다. 그 고리타분한 방법이 아직도 효과가 있다고 확신하는 낡은 마케터들의 믿음을 입증이라도 하듯.

〈월 스트리트 저널〉에 전면 광고를 내려면, 뉴욕주 버펄로 Buffalo의 집 1채 값보다 더 많은 돈을 내야 한다. 페이지를 넘길 때마다 재미없는 광고들로 가득 차 있다. 하나같이 그저 그런 회사에서 만든 그저 그런 물건이다.

만약 어떤 광고를 90%는 그대로 둔 채 로고만 다른 것으로 바꾼다면 아무도 알아채지 못할 것이다. 또한 검은색 중절모를 쓴 중후한 남자의 사진을 모자를 쓰지 않은 여자 직원이 웃고 있는 사진과 바꿔놓아도 아무도 알아채지 못할 것이다.

어느 날 나는 근사한 호텔에서 아침 식사를 하며 〈월 스트리트 저널〉을 보고 있던 몇몇 사람들을 좀 방해하기로 했다. 나는 그 사람들이 첫 번째 장을 다 읽기를 기다렸다가, 조금 전에 보았던 전면 광고 중에 회사 이름을 기억하는 것이 있으면 2개만 얘기해 달라고 부탁했다. 아무도 대답하지 못했다. 그다음에는 광고 하나를 집어 아래에 있는 회사 로고 부분만 접은 뒤, 그 사람들에게 이 광고가 어느 회사 것이냐고 물었다. 역시 아무도 몰랐다.

마지막으로 100만 달러짜리 질문을 던졌다. "당신들 중 누구라도 〈월 스트리트 저널〉에서 광고를 보고 그 제품에 대한 추가 정보를 찾아본 적이 있습니까?" 아마 이 책의 독자라면 답을 알아맞힐 수 있을 것이다. 작동하지 않는 건 단지 TV뿐만이 아니다. 기업 대상이든 일반 소비자 대상이든, 마케터들이 사용했던 거의 모든 판매 촉진 수단들이 점점 더 효력을 잃어가고 있다.

다음은 최근 〈월 스트리트 저널〉에 전면 광고로 실렸던 한 컨설팅 회사의 광고 전문이다.

KPMG 컨설팅의 새 이름과 권력 위임의 시대를 소개합니다.
우리는 단지 이름만 바꾼 것이 아닙니다. 우리는 새로운 시
대의 출발을 선포했습니다. 권력 위임의 시대. 베어링포인트
(KPMG 컨설팅의 새 이름)는 전 세계에서 가장 영향력 있는 컨설
팅 및 시스템 통합 회사로서 선도자 역할을 할 준비가 되어
있습니다.

우리가 베어링포인트로 이름을 바꾸었다고 해서, 임무 완수
에 대한 열정과 최고를 추구하는 마음가짐까지 바꾼 것은 아
닙니다. 우리의 목표는 모든 고객의 목록에, 그것도 가장 위
에 올라가는 것입니다. 과거 100년이 넘도록 우리가 일한 그
방식 그대로, 실용적인 노하우와 열정으로 무장하여 고객과
일대일로 마주 앉아, 우리는 이 목표를 달성할 것입니다.

현재와 미래의 우리 고객들에게 우리가 제공할 것은 단지 컨
설팅에 그치지 않습니다. 우리는 고객들이 사업과 시스템을
효율적으로 배치하여 목적한 바를 달성할 수 있도록 최선을
다할 것입니다. 고객의 사업에 힘을 부여할 최고의 정보를 제
공할 것입니다. 왜냐하면 최고의 정보는 지식을 낳고, 그 지

식은 곧 힘이기 때문입니다. 그 지식을 고객과 나누는 것이
바로 권력 위임입니다.

. . . .

어느 누가 이런 광고를 기억하겠는가. 아무도 이 광고를
보고 주변에 얘기하지 않을 것이다. 광고가 이보다 더 나쁠 수
는 없다. 광고도 리마커블할 수 있고, 리마커블한 제품에 관해
긍정적인 입소문이 퍼지는 데 도움을 줄 수도 있는데 말이다.

광고라고 해서 리마커블하지 말란 법은 없다. 광고의 목표
가 눈에 띄는 효과를 내는 것이었다면 지금보다는 훨씬 나았
을 것이다. 하지만 그것만으로도 충분치는 않다.

인지도가 다는 아니다

낡은 마케팅 이론의 오랜 수호자라면, TV 광고의 위력을 옹호할 것이다. 그들은 과거의 성공담을 신나게 늘어놓으면서, 새로운 제품을 알리고 기존 제품 판매를 유지하는 데 TV만 한 것은 없다고 큰소리친다.

그러나 코카콜라Coca-Cola 부활의 주역이었던 마케팅 전문가 서지오 자이먼Sergio Zyman은 역사상 가장 성공적이었다고 평가받는 2개의 코카콜라 TV 광고 '난 세상 사람들에게 노래를 가르치고 싶어요I'd like to teach the world to sing'와 '못된 조 그린Mean Joe Greene'이 단 1병의 콜라도 더 팔지 못했다고 혹평한 바 있다.

그런 광고들은 사람들을 즐겁게 하고 시선도 끌지만, 매출 증가로 이어지지는 않는다. 서지오는 그 광고 카피가 '난 세상 사람들에게 마시는 법을 가르치고 싶어요I'd like to teach the world to drink'라고 바꿔어야 했다고 우스갯소리를 한 적이 있다. 서지오의 말을 빌리자면, "케이마트Kmart를 모르는 사람은 없다. 그래서 어떻다는 말인가?"

위험한 길이 안전한 길이다

나는 리마커블한 아이디어가 부족하다고 생각하지 않는다. 당신의 사업에는 성공할 기회가 아주 많다. 부족한 건 아이디어가 아니다. 그런 아이디어를 실행에 옮기려는 의지가 부족한 것이다.

나는 이 책을 통해 위험한 길이 오히려 안전한 길이라는 사실을 일깨워주고 싶다. 내 목표는 독자들이 정말로 놀랄 만한 일을 하겠다는 의지를 불태우게 하는 것이다. 낡은 방법이 결국 실패로 끝날 것이라는 사실을 알게 되면, 이제 남은 것은 얘기할 만한 가치가 있는 제품을 만들어내는 길밖에 없다.

그렇지만 사람들은 굉장한 아이디어를 내놓을 능력이 없거나, 아이디어가 떠오른다 해도 별 볼 일 없는 아이디어와 탁월한 아이디어를 어떻게 분간해야 할지 모르겠다는 등 변명거리를 늘어놓는다. 이 책은 별로 길지 않기 때문에, 대단히 성공적인 브레인스토밍이나 아이데이션ideation, 창의력 기법 등 각종 기법을 소개하기는 곤란하다. 대신에 즉시 활용 가능한 아이디어, 즉 내일 당장 퍼플 카우의 길로 내딛는 데 필요한 구체적인 것들을 집중적으로 얘기하고자 한다. 뜻이 있으면, 길이 있다.

　　앞으로 페이지 하단의 보라색 박스(□) 표시는 내가 강력히 추천하는 즉시 활용 가능한 아이디어를 나타낸다.

사례 연구: 올라갑니까?

엘리베이터는 일반 소비재가 아니다. 가격이 100만 달러를 넘는 건 예사이고, 보통은 건물이 처음 지어질 때 설치된다. 게다가 건물이 3층을 넘지 않을 때는 잘 사용하지 않는다.

그렇다면 엘리베이터 회사들은 어떤 방식으로 경쟁할까? 최근까지만 해도 접대 골프, 음식 대접, 주요 부동산 개발업체 구매 담당자와 끈끈한 관계를 유지하는 것 등이 영업의 중요한 축이었다. 앞으로도 이런 관행이 계속되리라는 건 의심의 여지가 없다. 그러나 쉰들러 엘리베이터 주식회사Schindler Elevator Corporation는 퍼플 카우형 제품을 개발해 상황을 통채로 바꿔버렸다.

뉴욕시 타임스 스퀘어Times Square에 위치한 캡 제미니Cap Gemini 빌딩에 들어가면, 당신은 환상적인 경험을 하게 된다.

원래 문제는 이런 거였다. 모든 엘리베이터는 기본적으로 완행이다. 당신이 원하는 층에 도달하기까지 5번이고, 10번이고, 15번이고 정지한다. 이것이 당신에겐 좀 귀찮은 일 정도로 느껴질지 모르지만, 건물주로선 막대한 비용이 걸린 중차대한 문제다.

엘리베이터가 매 층에 서느라 바쁠수록, 로비에 있는 사람들은 점점 더 짜증이 솟구친다. 엘리베이터를 추가로 설치하면 되겠지만, 그럴 만한 돈도 설치할 공간도 없다. 묘안이 없을까?

엘리베이터를 타기 전에 제어 장치에 원하는 층을 미리 입력하게 만들면 어떨까. 그러면 번호판이 어느 엘리베이터를 탈지 알려준다. 이렇게 간단히 미리 구분하는 것만으로도, 모든 엘리베이터가 급행으로 변하게 된다. 당신이 탄 엘리베이터는 곧장 12층으로 갔다가 다시 로비로 내려온다. 이렇게 되면 건물이 더 높아져도 더 적은 수의 엘리베이터로 기존의 이용자를 감당할 수 있으며, 기다리는 시간도 줄어들고, 귀중한 공간을 엘리베이터가 아닌 사람들에게 할애할 수도 있다. 매우 적은 비용으로 큰 효과를 거둔 경우다.

세계 주요 부동산 개발업체 가운데 이러한 대발견을 알지 못하는 데가 있을까? 아마 없을 것이다. 쉰들러 엘리베이터 주식회사는 이제 경쟁사가 얼마나 많은 광고를 퍼붓고, 또 얼마나 많은 식사 접대를 하든 상관이 없다. 남들이 긴가민가할 때 용감하게 위험한 길을 선택함으로써 이 회사는 엄청난 이득을 보게 된 것이다.

당신의 기술과 전문적 지식을 이용해 소비자의 일반적인 행동에 맞춘 더 나은 제품을 만들려고 애쓰지 말고, 사용자 자신이 행동을 바꾸도록 유도하여 제품의 성능이 획기적으로 개선될 수는 없는지 실험해보라.

사례 연구: 타이드는 무엇을 해야 하는가?

타이드Tide가 역사상 가장 좋은 합성 세제라는 걸 부정할 사람은 별로 없다. P&G는 매년 수백만 달러의 연구 개발비를 투자하고 업계 최고의 화학 전문가들을 고용하면서 타이드의 성능을 개선하기 위해 노력하고 있다. 이것이 잘하는 일일까?

타이드가 시판 초기부터 성공을 거둔 건 훌륭한 TV 광고, 탄탄한 유통망, 뛰어난 제품의 삼박자가 잘 맞았기 때문이다. 그러나 TV-산업 복합체가 무너지기 시작하면서 광고의 역할은 점점 줄어들었다. 최근에는 월마트가 부상하면서, 유통이 그 어느 때보다 중요해졌다. 할인점 체인 하나가 타이드 전체 매출의 3분의 1을 차지하니, 월마트 없이는 타이드도 죽은 목숨이었다.

도대체 P&G는 어떻게 해야 할까? 그들이 진정한 제품 혁신을 이루고, 무관심한 소비자의 눈마저 번쩍 뜨이게 할 만한 타개책을 찾을 수 있을까? 혹시 추가적인 제품 개선이라는 것도 대부분 과거로부터 넘어온 건 아닌가? 소비자들이 세탁에 많은 관심을 가지던 그 시절로부터 말이다.

정통 퍼플 카우 사고방식을 따르면, P&G는 아직 이익이 남는 동안 이익을 챙겨야 한다. 타이드에 쏟는 연구 개발비를 삭감하고, 가능한 범위 내에서 최대한 가격을 올린 다음, 이렇게 해서 늘어난 이익을 훨씬 더 혁신적이고 흥미진진한 신제품 개발에 투자해야 한다. 지금처럼 연구 개발에 막대한 노력을 쏟는 데도 주목할 만한 성과를 끌어내지 못한다면, 뭐 하러 그 짓을 계속하는가?

어떤 제품의 미래가 리마커블할 것 같지 않을 때(사람들이 다시 한번 그 제품에 열광하는 일이 벌어질 것 같지 않을 때), 게임의 법칙이 바뀌었다는 사실을 인정해야 한다. 죽어 가는 제품에 투자하지 말고, 거기서 챙긴 이익을 가지고 새로운 것을 만드는 데 투자하라.

진입하기

다시 아이디어 확산 곡선을 살펴보자. 대부분의 매출은 새로운 것을 시도하기 좋아하는 소비자 집단에게 어떤 제품이 받아들여진 다음에야 생긴다. 얼리 어댑터는 전기 및 후기 다수

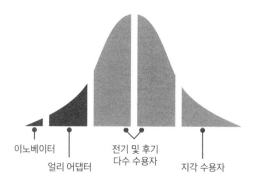

이노베이터
얼리 어댑터
전기 및 후기 다수 수용자
지각 수용자

위험을 감수할 줄 알고, 남들에게 아이디어를 전파하는 사람들(곡선 왼편의 진한 보라색 소비자들)만 당신의 말에 귀를 기울인다.

수용자 집단이 안심하고 신제품을 살 수 있는 분위기를 조성한다. 결정적인 매출은 곡선의 왼쪽에 있는 소비자 집단이 완전히 구매한 다음에야 이뤄진다.

그런데 여기서 주목해야 할 점은, 곡선의 각 단계에 있는 대다수 소비자가 당신을 무시한다는 사실이다. 전기 및 후기 다수 수용자는 제품을 먼저 쓴 주변 사람들의 말은 귀담아듣지만 당신의 말은 매번 무시할 것이다. 곡선의 왼쪽을 건너뛰고, 영양가 있는 중간 부분으로 바로 가고 싶은 유혹에 시달릴지 모른다. 하지만 그런 전략은 통하지 않는다.

어떤 산업이든 간에, 성공적인 신제품은 다음과 같은 패턴을 따른다. 맨 처음에는 이노베이터가 구매한다. 이노베이터는 일정한 시장 내에서 무엇이든지 가장 먼저 체험하고 싶어 하는 사람들이다. 어떤 상품이 꼭 필요하지 않은 경우라도 이들은 일단 써봐야만 직성이 풀린다. 이노베이터는 파리에서 열리는 패션쇼에 가서 맨 앞줄에 앉거나, 인터넷 관련 전시회에 참가하거나, 첨단의 전문 잡지를 읽는 사람들이다.

무어의 곡선에서 이노베이터 바로 다음에 있는 집단이 얼리 어댑터이다. 얼리 어댑터들은 새로운 제품을 사용함으로써 실질적으로 이익을 본다. 또한 새로운 제품과 서비스를 찾아 내서 다른 사람들보다 첨단을 걷기를 갈망한다. 이들이 찾는 새것이란 무이자 할인채zero-coupon bond 같은 새로운 투자 상 품일 수도 있고, 신설된 TV 프로그램일 수도 있다. 어떤 주요 시장에서든 얼리 어댑터는 기꺼이 돈을 쓰고 그 규모도 상당 하다.

얼리 어댑터의 뒤를 쫓아가는 사람들이 바로 전기 및 후기 다수 수용자이다. 이들은 새로운 제품이나 서비스에 목말라하 지는 않는다. 하지만 주변 사람 중 상당수가 좋다고 얘기하면, 그 뒤를 따르게 될 가능성이 크다.

규모도 크고 수익성도 높은 이 다수 수용자 집단에 관해 2가지 사실을 명심해야 한다. 첫 번째로 이들은 당신을 무시 하는 데 선수다. 이 사람들은 자신들이 당신의 제품이 해결해 줄 수 있는 것보다 훨씬 더 심각한 문제를 가지고 있다고 생각 한다. 또 당신의 얘기를 듣는 데 시간을 할애하지도 않는다.

두 번째로 이들은 곡선 맨 처음에 있는 이노베이터의 말조 차 귀담아듣지 않는다. 전기 및 후기 다수 수용자는 이해하기 쉽고 체계화되어 있으며 안전성이 확보된 제품을 원하는데,

신상품이 그런 조건을 모두 갖추기란 쉽지 않다. 셀 수 없이 많은 제품이 이들에게 도달할 만큼 곡선을 따라 멀리 가지도 못한다. 주변 사람의 말도 듣지 않는 이들이 당신의 말에 귀나 기울일 것 같은가?

마지막으로 지각 수용자가 나타나면서 곡선이 완성된다. 남들이 모두 CD로 옮겨갔을 때, 카세트 플레이어를 사겠다고 돌아다니는 부류다. 그야말로 순응하는 사람들이다. 이들은 익숙하게 사용하는 물건이 너무 오래되어 낡아빠지거나, 쓸 수 없게 되거나, 구할 수 없는 지경이 되기 전에는 새로운 물건을 찾지 않는다.

당신의 제품에 적응하려고 몸이 달아 있는 사람은 아무도 없다. 대다수 소비자는 지금 이대로도 행복하다. 한곳에 쩍 달라붙어 자기 것이 최고라고 생각한다. 새로운 것을 찾고 싶은 마음도 없고, 새로운 것에 적응하기도 싫다. 당신이 무슨 힘으로 그들을 변화시키겠는가.

유일한 방법은 변화를 좋아하고, 새로운 걸 좋아하며, 적극적으로 당신이 파는 물건을 찾아다니는 사람들을 공략하는 것이다. 그러고 나서 당신의 아이디어가 얼리 어댑터로부터 나머지 사람들에게까지 퍼지기를 기대하라. 얼리 어댑터가 당신의 제품을 받아들이고 난 뒤, 전기 다수 수용자에게 당신의 제품을 판매하는 것은 바로 얼리 어댑터 자신이다. 문제는 이것이 쉽게 일어나지 않는다는 점이다.

당신은 얼리 어댑터를 유혹할 만한 리마커블한 제품을 개발해야 한다. 동시에 얼리 어댑터가 곡선상의 나머지 사람들에게 쉽게 퍼뜨릴 수 있도록 만만하면서도 흥미를 돋우는 그런 제품을 만들어내야 한다.

디지털카메라는 5년 만에 적당한 수준까지 가격이 내려갔다. 초창기에는 전자 제품이나 컴퓨터에 미친 사람들만 디지털카메라를 샀다. 초기의 디지털카메라는 사용법이 약간 까다롭고, 사진의 질도 별로 뛰어나지 않았다. 그 후 디지털카메라 제조업체는 이 2가지 문제를 해결하기 위해 고민에 고민을 거듭했다. 결국에는 매출이 폭발적으로 증가하는 성과를 맛보았다.

이제 디지털카메라는 필름 카메라를 대체하면서 승승장구하고 있다. 이러한 변화가 디지털카메라 회사들의 멋진 광고 때문에 일어난 것은 아니다. 이는 얼리 어댑터가 자신의 친구들에게 디지털카메라를 성공적으로 판매한 것의 직접적인 결과다.

　디지털카메라는 필름 카메라에 비해 편리함과 가격 우위를 무기로 퍼져나갔다. 이러한 장점은 딱 보면 알 수 있고, 설명하거나 직접 보여주기도 쉬웠다. 필름 카메라를 꺼내는 지각 수용자를 볼 때마다 얼리 어댑터는 그런 장점을 얘기하고 싶어 입이 근질근질했을 것이다.

　제대로 리마커블하게 되면 2가지 점에서 도움이 된다. 첫째, 곡선의 왼편에 있는 소비자들을 아주 쉽게 끌어들일 수 있다. 둘째, 이 얼리 어댑터 집단이 곡선의 나머지 부분에 속한 주위 사람들을 설득하고 팔 수 있게 된다.

퍼져나가는 아이디어가 승리한다

브랜드(또는 새로운 제품)는 하나의 아이디어에 지나지 않는다. 퍼져나가는 아이디어가 그렇지 않은 아이디어보다 성공할 가능성이 크다. 나는 이러한 아이디어를 아이디어 바이러스idea-virus라고 부른다.

스니저sneezers(입소문을 퍼뜨리는 사람)는 아이디어 바이러스의 핵심 유포자이다. 이들은 자기가 전문성을 가진 분야에서 새로운 제품이 나오면, 주변에 얘기해주는 전문가다. 스니저는 아이디어 바이러스를 촉발하고 지탱하는 사람이다. 이노베이터와 얼리 어댑터가 당신의 제품을 가장 먼저 살지 모르지만, 이 구매자들이 스니저가 아니라면 당신의 아이디어는 퍼져나가지 못한다.

이들 중에는 자기만 새 아이디어를 활용하는 이기적인 사람도 있고, 신용이 없어서 아이디어를 유포하지 못하는 사람도 있다. 두 경우 모두 아이디어 유포는 막다른 골목에 이르게 된다. 모든 시장에는 스니저가 있다. 이들은 얼리 어댑터인 경우가 많지만, 항상 그렇지는 않다. 스니저를 찾아내고 사로잡는 일이 아이디어 바이러스를 창조하는 과정에서 가장 중요한 첫걸음이다.

그렇다면 퍼져나가는 아이디어는 어떻게 창조하는가? 모든 이를 위한 제품을 만들지 말라. 그런 제품은 그 누구를 위한 것도 아니니까. 모든 이를 위한 제품은 이미 다 선점됐다. 그런 거대 시장의 상품이 너무 많고, 또 이미 만족할 만한 것이 있어 스니저의 흥미를 사로잡기란 어렵다.

주류 시장으로 파고들려면 거대 시장이 아니라 틈새를 노려야 한다. 주류 시장의 덩어리를 작은 조각으로 잘라내고, 이 작은 조각 시장에 적확하게 초점을 맞춰 당신이 파는 것에 실질적으로 반응할 수 있는 아이디어 바이러스를 생산해야 한다. 이런 틈새시장의 얼리 어댑터야말로 당신의 말에 열성적으로 귀를 기울인다. 그리고 이런 틈새시장의 스니저는 신나서 당신의 제품을 얘기하고 다닌다. 무엇보다 반가운 것은, 이 시장은 비교적 작아서 스니저 몇 명만 있어도 아이디어 바이러스를 생산하기 위한 충분한 숫자의 소비자에게 도달할 수 있다는 점이다.

당신이 능력도 있고 운도 좋다면, 그 혁신은 확산할 것이다. 최초의 틈새시장을 지배하게 되면, 그다음은 대중에게로 옮겨갈 것이다.

어떤 제품이 뜨는 건 결코 우연이 아니다. 아이디어 바이러스가 생성되는 건 대개 바이러스의 모든 요소가 잘 조화됐을 때다. 얼마나 매끄럽고 손쉽게 당신의 아이디어를 퍼뜨릴 수 있는가? 스니저는 얼마나 자주 주변에 아이디어를 전파하는가? 당신의 목표 고객은 결속력이 강하고 의사소통이 활발한가? 그들은 서로를 신뢰하는가? 당신의 아이디어를 유포할 가능성이 큰 사람들은 평판이 좋은가? 아이디어는 얼마나 지속적인가? 금세 퍼졌다가 사라져버리는 일시적 유행 같은 것인가, 아니면 오래 지속되는 아이디어인가?

이러한 분석을 통해 당신의 신제품 개발 전략을 수립하라. 그러면 어떤 제품이 대박 날 가능성이 가장 큰지 알게 될 것이다. 이런 제품과 아이디어야말로 시장에 내놓을 만한 가치가 있다.

커다란 오해

내가 앞서 언급한 책들과 관련해서 많은 마케터가 아주 잘못된 생각을 가진 것 같다. 이 책을 읽은 일부 마케터는 아이디어라는 것이 잠깐 먹히는 속임수라거나 혹은 아이디어는 타고난 것이어서 당연하게 퍼져나가는 것이라고 단정한다. 아이디어는 아이디어 바이러스가 되고, 캐즘(첨단 제품은 초기 시장에서 주류 시장으로 넘어가는 과정에서 심각한 정체에 빠지는데, 이 두 시장 사이에 존재하는 넓고 깊은 단점을 말한다 - 역자 주)을 뛰어넘고, 소비자들은 당신을 대신해 이 사람 저 사람에게 아이디어를 전파하느라 바쁘고, 당신은 편안히 기대앉아서 성공이 찾아오기를 기다리기만 하면 된다고 생각한다.

또 한편에서는 P&G, 나이키Nike, 콜게이트-팜올리브Colgate-Palmolive가 매년 40억 달러씩 광고에 쏟아붓고 있다. 누가 잘하고 있을까? 양쪽 모두 틀렸다. 아이디어 바이러스가 가끔 은 운이 좋아서 퍼지기도 하지만, 절대 다수 제품의 성공 스토 리는 애초부터 성공할 수밖에 없도록 잘 설계되어 있다.

탈 TV 시대의 마케팅은 설계와 생산이 이미 끝난 제품을 매력적이거나 재미있게 만드는 게 아니다. 처음부터 아이디 어 바이러스가 될 만한 제품을 설계하는 것이다. 캐즘을 뛰어 넘도록 설계된 제품이 그렇지 못한 제품보다 성공할 가능성이 훨씬 크다. 얘기할 만한 가치가 있는 서비스가 실제로 사람들 입에 오르내린다.

광고를 자주 하기 위해 당신이 들였던 노력과 돈은 이제 거듭되는 설계 비용과 제품 실패를 감당하는 데 쓰여야 한다. 마케팅은 오히려 예전보다 더 시간이 걸리고 비싸졌다. 전체 과정에서 전보다 일찍 돈을 쓰게 됐다(그리고 그 과정을 더 자주 반 복하게 됐다). 나는 이 점을 강조하고자 한다. 퍼플 카우는 값싼 지름길이 아니다. 그러나 싱장을 위한 최고의 전략이다. 퍼플 카우 전략은 싸지 않지만 통한다. 슈퍼볼 경기 때 광고를 하는 것보다, 퍼플 카우에 투자하는 게 훨씬 더 현명한 선택이라는 사실을 명심해라.

누가 귀를 기울이는가?

나는 약간의 과장에 대해 죄책감을 느낀다. 예전에 TV-산업 복합체의 몰락을 비통해하면서 모든 매스 미디어의 쇠락을 예견한 바 있는데, 이를 보고 광고는 전혀 효과가 없다고 속단하는 독자들이 있을지도 모르겠다.

당연히 사실이 아니다. 광고가 효과를 보는 경우도 있다. 과거처럼 효과가 강력하지 않고, 비용 대비 효율이 높지 않을지 모르지만, 사람들의 관심을 끌고 매출을 일으키기도 한다. 목표 시장이 뚜렷한 광고는 비용 대비 효율이 훨씬 높은데, 문제는 대부분의 광고와 마케팅 활동의 목표 시장이 뚜렷하지 않다는 점이다. 마치 허리케인처럼 전체 시장을 획일적으로 가로지르며, 소비자 개개인의 특성이나 욕구를 고려하지 않고, 모두 같은 방법으로 다가간다.

　이런 방법은 광고는 효과가 없다고 단언할 수도 있을 만큼의 엄청난 낭비. 물론 가끔은 이 허리케인 덕분에 곡선의 왼쪽에서 오른쪽으로 이동해야 하는 고생스러운 작업을 건너뛰기도 한다. 가끔은 시장 전체가 무언가 필요로 하고, 또 그 사실을 알고 기꺼이 당신에게 귀를 기울일 때도 있다. 그러나 여기서 중요한 것은 가끔일 뿐이라는 것이다.

　'가끔'은 아주 드문 것이다. 너무 드물어서 낭비하기 쉽다. 광고가 낭비인 건 절대 다수의 광고가 정작 해당 제품을 살 마음이 없는 사람들, 또는 광고에서 본 것을 주변에 별로 얘기하지 않을 사람들에게 도달하기 때문이다.

　그러나 어떤 특정 종류의 광고는 효과가 있다. 다른 것들은 다 실패하는데, 유독 어떤 광고나 제품이 성공하는 이유는 무엇일까? 구글Google의 작은데다 그림도 없는 광고는 잘 먹히는데, 야후Yahoo의 번쩍거리고 불쾌한 전면 광고는 왜 별 효과가 없을까?

　우리는 마케팅 방정식의 함수 관계를 새로운 시각으로 봐야 한다. 옛날에는 마케터가 소비자를 타깃으로 삼았다. 현명한 광고인들은 자기들이 만든 광고가 목표 시장에 적합한지,

그리고 광고를 실을 매체가 목표 시장에 잘 도달할 수 있는지 확인하기 위해 심혈을 기울였다. 하지만 이렇게 타깃 광고를 하는 생각 속에는 누가, 언제 관심을 기울일지 결정하는 사람은 마케터라는 독단이 은연중에 깔려있다.

오늘날에는 정반대다. 선택하는 사람은 소비자다. 당신이 주목받을지 무시당할지 소비자가 선택한다. 그렇다면 소비자는 어떻게 결정할까? 어떤 소비자가 다른 소비자보다 더 귀를 기울이는가? 그들이 다른 소비자와 다른 점은 무엇인가?

구글 광고의 비결은 광고 내용이 검색어와 관련이 있다는 점과 그 광고에 반응할 것 같은 성향의 사람에게 노출된다는 점이다. 당신은 검색창에 검색어를 입력하자마자 바로 그 검색어와 관련된 구글 광고를 보게 된다. 이것을 별로 상관없는 소비자 앞에 불쑥 끼어든 반갑지 않은 방해물과 비교한다면 그 차이가 분명하지 않은가.

어느 때든 어떤 시장에서든 몇몇 사람들은 항상 귀를 열고 있다. 이들은 당신의 얘기를 궁금해한다. 이런 사람들은 전화번호부를 뒤지고, 전문 잡지를 구독하고, 더 많은 정보를 찾아서 웹 사이트를 방문한다. 이들 가운데 몇몇은 결국 구매할 것이고, 또 몇몇은 그냥 둘러보기만 할 것이다.

　아무에게나 광고하는 건 백해무익한 짓이다. 소비자들이 정말로 도움을 구하고 있을 때, 그리고 이들이 당신을 찾을 수 있는 곳에 광고해야 한다. 흥미를 가진 한 사람에게 광고하는 것도 좋지만, 귀를 기울이고 있는 그 사람이 스니저일 때, 당신은 진정한 승리를 맛볼 것이다.

　분명히 선택된 스니저에게 광고를 할 수 있는 기회는 적다. 그렇다면 당신은 퍼플 카우 만들기에 투자를 아끼지 말아야 한다. 제품, 서비스, 기술 자체가 정말 쓸 만하고, 흥미롭고, 훌륭하고, 주목할 만해서 시장이 스스로 당신의 이야기에 귀를 기울이게 해야 한다. 좀 더 정확히 얘기하면, 시장이 스스로 찾아나설 그런 제품, 서비스, 기술을 개발해야 한다.

속임수 쓰기

- 제트블루 항공JetBlue Airways은 속임수를 쓰고 있다. 저비용 구조, 저활용 공항의 이용, 젊은 직원, 무노조 경영 덕분에 제트블루 항공은 일방적 경쟁 우위를 누리고 있다.

- 스타벅스도 속임수를 쓰고 있다. 커피 바 현상coffee bar phenomenon은 스타벅스가 만들어낸 것이고, 심지어 모든 사람이 커피를 생각할 때마다 스타벅스를 떠올리게 됐다.

- 뱅가드Vanguard도 속임수를 쓰고 있다. 뱅가드의 저렴한 인덱스 펀드 때문에 풀서비스 금융 회사는 경쟁이 불가능하다.

- 아마존Amazon 역시 속임수를 쓰고 있다. 무료 배송과 엄청난 도서 보유율 덕분에 아마존은 동네 서점에 일방적인 경쟁 우위를 누리고 있다.

• 구글 또한 속임수를 쓰고 있다. 구글은 1세대 포털 사이트의 시행착오로부터 많은 걸 배웠지만, 지금은 다른 포털 사이트를 전혀 도와주지 않고 있다.

• 웬디스Wendy's도 속임수를 쓰고 있다. 웬디스는 자사의 융통성을 무기로 6가지나 되는 샐러드 위주의 주요리를 내놓아, 다이어트 푸드시장의 상당 부분을 빼앗았다.

• 듀카티Ducati도 속임수를 쓰고 있다. 듀카티는 시장 전체를 위해서 오토바이를 생산할 필요가 없어서, 매년 동이 나는 마진 높고 놀랄 만한 오토바이만 전문적으로 생산하고 있다.

• HBO도 속임수를 쓰고 있다. HBO는 일주일에 하루만 자체 제작 영화를 방영해도 되기 때문에, 방송망에 집중하여 본전을 톡톡히 뽑고 있다.

이 회사들은 낡은 마케팅 전략을 활용하고 있지 않다. 자리를 굳힌 경쟁업체가 볼 때, 위의 회사들은 규칙에 따라 경기를 하고 있지 않기 때문에 속임수를 쓰고 있는 것처럼 보일지도 모른다. 왜 당신은 속임수를 쓰지 않는가?

누가 관심이나 있대?

사람들보고 들으라고 강요할 수는 없다. 그러나 누가 당신의 얘기에 귀를 기울일지는 알 수 있다. 따라서 P 요소들을 적절히 조합해 그것의 타당성을 가지고 사람들을 설득할 수 있다.

누군가 귀를 기울이고 있더라도 "좀 더 싸요.", "좀 더 좋아요.", "좀 더 편해요." 같은 말로 광고한다면, 그건 시간 낭비다. 영향력 있는 스니저, 즉 해결해야 할 문제를 가진 당사자들은 당신의 이야기가 정말 리마커블할 때만 듣는다. 그렇지 않으면 당신은 보이지도 않는다.

'누가 귀를 기울이는가?'의 문제는 개별 제품의 성공 여부뿐 아니라 시장 전체의 성패를 결정짓기도 한다. 예를 들어, 오늘날 고전 음악 업계는 침체되어 있고, 대형 음반 회사들은 어려움에 빠져 있다. 오케스트라들은 녹음할 비용을 마련할 수가 없다. 상업적으로 중요한 새로운 작품이 창작되거나 녹음되는 일은 거의 없다.

왜 그럴까? 아무도 귀를 기울이지 않기 때문이다. 영향력 있는 스니저들은 자기들이 사려고 마음먹은 음악은 이미 모두 소장하고 있다. 녹음할 만한 가치가 있는 클래식들은 이미 모두 녹음됐다. 따라서 고전 음악 스니저는 찾아 나서기를 중단했다. 스니저가 찾기를 중단했으니, 이들의 조언을 구하거나 그저 라디오나 듣는, 무어의 곡선 저 멀리에 있는 소비자들은 8달러짜리 클래식 염가판을 사기에 바쁘다.

이런 시장에서 음반 회사나 오케스트라에 돌아갈 돈은 없다. 음악 애호가들이 찾아 나서기를 중단했으니, 작곡가들은 생계를 위해 영화 음악이나 잔디 손질 쪽으로 눈길을 돌리고 있다. 관심은 희미해졌고, 음반 업계의 그 누구도 시장을 움직일 만한 충분한 돈이 없다. 음반 마케터는 충분히 광고할 돈도 없고, 흥미로운 신곡에 대한 입소문을 낼 여러 명의 스니저에게 다가갈 수도 없다. 그래서 시장 전체가 정지한 것이다.

여기서 알아야 할 건 음반 업계가 이 문제를 해결할 묘수를 찾아야 한다는 게 아니다. 이들에게 더 좋은 형태의 광고는 필요하지 않다. 더 나은 해결책이란 없다는 사실을 간파해야 한다. 8달러짜리 CD를 파는 낙소스Naxos는 잘나가고 있다. 왜 그럴까? 그건 낙소스 레이블이 제품 마케팅의 전 과정을 다음과 같은 생각을 중심으로 구성했기 때문이다. '스니저들은 이미 잘 아는 음악을 음질 좋고 값도 싼 음반으로 갖기를 원한다.' 낙소스가 옳았다. 시장은 귀 기울이기를 중단했지만 낙소스는 승리했다.

소니의 고전 음악 레이블은 낙소스와 경쟁이 되지 않는다. 제품 차원에서도 판촉 차원에서도 경쟁에서 이길 수 없다. 그래서 소니는 쇠약해졌다. 아무도 귀를 기울이지 않는 시장에 직면했을 때, 가장 현명한 계획은 그냥 떠나는 것이다. 그다음 방법은 통찰력과 결단력으로 무장한 다음 일련의 퍼플 카우를 목표로 해서, 사람들이 귀 기울일 수 있는 제품과 서비스, 판촉 활동을 개발하는 것이다.

모든 고객이 다 똑같지는 않다

마이클 슈레이지Michael Schrage가 어떤 대형 은행에 관해 쓴
글을 보자. 이 은행은 전체 고객의 10%가 인터넷 뱅킹을 매일
이용하는 반면, 나머지 90%는 1달에 1번꼴로 인터넷 뱅킹을
이용한다. 언뜻 보기에 인터넷 뱅킹 서비스가 이노베이터와
몇몇 얼리 어댑터에게만 유용하니, 컨설턴트라면 이 서비스에
투자하지 말 것을 권고할지도 모른다. 그런데 좀 더 들여다보
니, 인터넷 뱅킹을 매일 이용하는 고객들의 돈이 이 은행 예금
자산의 약 70%를 차지한다는 게 밝혀졌다.

아이디어 확산 곡선을 보고, 영양가 있고 수익성 높은 부
분은 사람들이 모두 몰려있는 중간 부분이라고 판단하기 쉽
다. 그러나 그렇지 않다. 많은 경우 정말 중요한 부분은 한쪽
구석이나 그 반대편이다. 이 은행은 변화에 둔감하고 수익성

이 떨어지는 고객은 다른 은행으로 넘겨버리고, 위험 추구 성향의 수익성 높은 고객을 더 많이 불러들일 수 있도록 선구적인 고객들에 집중해야 한다.

고객을 차별하라. 가장 많은 수익을 안겨주는 집단을 찾아라. 스니저 성향이 가장 강한 집단을 찾아라. 이 집단을 육성하고, 이들을 대상으로 광고하고, 보상하는 방법을 생각해라. 나머지는 무시하라. 당신의 광고(그리고 제품도)를 일반 대중의 입맛에 맞출 필요가 없다. 만약 당신이 고객을 고를 수 있다면 선택했을 고객의 요구에만 부합하라.

큰 수의 법칙

매스 미디어와 인터넷의 신비한 힘은 모두 큰 수와 관련 있다. 시트콤 '소프라노스The Sopranos'의 시청자는 2,000만 명이다. 슈퍼볼 경기는 1억 명이 본다. 오스카 시상식은 10억 인구가 시청한다. P2P 프로그램 카자KaZaA의 동시 이용자 수는 300만 명이다. 야후의 회원은 1억 2,000만 명이다.

만약 오스카 시상식 시청자가 1,000명 중 1명꼴로 당신의 제품을 산다면 어떻게 될까? 중국에서 1가구당 1명씩 당신에게 5센트를 보내준다면 어떻게 될까? 이 큰 수의 문제는 언제나 큰 분모에 의해서 나누어진다는 점이다. 당신의 광고가 1억 명에게 도달했다고 하더라도, 가령 0.000001%에 해당하는 소비자만 당신 제품을 샀다면, 당신은 방금 정확히 1개를 판 셈이다.

몇 년 전 내가 지금은 모두 아는 배너 광고의 몰락을 처음으로 예견했을 때, 사람들은 나를 비웃었다. 그 당시 배너 광고는 CPMcost per thousand ad impressions 100달러에 팔리고 있었다. 배너를 1,000회 노출하는 데 100달러를 내야 했다는 말이다. 광고의 효과를 측정했던 극소수의 광고주들은 이내 1,000회의 배너를 내걸어도 실제로 클릭하는 사람은 하나도 없다는 사실을 깨달았다. 배너의 클릭 비율이 0.000001%도 못 미쳤던 것이다. 큰 수의 법칙이 작용한 결과였다.

오늘날 배너 광고는 CPM 1달러도 안 되는 가격에 팔린다. 가격이 99%나 떨어졌다. 나는 한 사이트에서 겨우 600달러로 3억 회의 배너 광고를 산 적이 있다. 웃긴 건 내가 그 거래에서 손해를 봤다는 점이다. 나는 그 배너 광고로(3억 회라면 미국 국민 전체에게 1회 이상 배너를 노출할 수 있는 양이다) 500달러도 채 안 되는 물건을 파는 데 그쳤다.

소비자들이 매스 미디어를 점점 더 외면하게 되니, 매스 미디어는 작동을 멈췄다. 물론 시청자의 관심을 끄는 기묘한 장치는 언제나 있기 마련이지만, 평범한 광고의 절대다수는 이 불가침의 법칙 앞에 희생자가 되고 만다.

사운드스캔SoundScan은 뛰어난 서비스를 제공하는 괜찮은 회사이다. 이 회사는 소매상과 음반 회사의 협조 아래, 매주 각 음반의 판매량을 정확하게 집계한다. 놀라운 사실은 너무나 많은 음반의 판매 실적이 참담하다는 것이다.

〈뉴욕 타임스〉에 따르면, 2002년 주요 음반 회사가 내놓은 6,000개 이상의 앨범 가운데 50만 장 이상 팔린 앨범은 겨우 112개다. 많고 많은 앨범이 몇 주 동안 단 1장도 안 팔리기도 했다. 낯선 사람을 발견하고, 그 낯선 사람에게 접근해서, 그 낯선 사람을 설득하고, 마침내 그 낯선 사람을 가게로 끌어들여 당신이 파는 상품을 사게 하려면, 도대체 무엇을 해야 할까? 이건 너무 힘든 일이다.

조사할 수 있는 거의 모든 시장에서, 선도 브랜드가 다른 브랜드에 비해 누리는 우위는 막대하다. 워드 프로세서든, 패션 잡지든, 웹 사이트든, 미용실이든, 승리하는 브랜드에 엄청난 이익이 돌아간다. 심한 경우 하위 브랜드에는 아예 기회조차 없다.

세상에는 아주 많은 소비자가 있다. 하지만 이들은 하나같이 바쁘다. 그래서 그냥 쉽게 1등 하는 회사를 선택한다. 물론

이는 1등 회사가 흥미로움을 유지할 때까지만 유효하다. 흥미로움을 상실한 다음에는 반드시 새로운 선도자가 나타난다.

사례 연구: 칩 콘리

칩 콘리Chip Conley는 샌프란시스코에서 12개가 넘는 호텔을 운영한다. 그의 첫 호텔인 피닉스Phoenix는 시내에서 가장 안 좋은 동네에 있다. 칩은 피닉스 호텔(실은 거의 모텔에 가깝다)을 거의 공짜로 얻었다. 칩은 이 호텔이 모든 이를 위한 호텔이 아니라는 사실을 잘 알고 있었다. 솔직히 칩이 피닉스 호텔에 무엇을 시도하든, 그곳에 머물 사람은 극소수일 것이다.

하지만 이게 큰 문제는 아니다. 당신이 20~30개의 객실이 있는 호텔을 운영한다면, 극소수라도 꽤 충분할지 모른다. 칩은 피닉스를 새로 단장했다. 파격적인 색으로 페인트를 칠하고, 힙한 스타일의 잡지를 객실에 비치했다. 첨단을 걷는 화가에게 수영장 안을 칠하게 하고, 로큰롤 스타를 호텔에 머물게 했다.

몇 개월 지나지 않아 계획은 맞아들었다. 의도적으로 대중 시장을 무시함으로써, 칩은 리마커블한 무언가를 창조했다. 샌프란시스코 중심가의 로큰롤 모텔 말이다. 그런 곳에 목말라 있던 사람들은 피닉스에서 해답을 찾았다.

'모든 이를 위한 모든 제품' 전략을 따르지 않는 경쟁업체 목록을 작성하라. 그런 회사들이 당신 회사를 능가하고 있는가? 충족되고 있지 못한 틈새시장 가운데 당신이 공략할 만한 시장을 고른다면, 그게 어디일까? 그렇다면 왜 오직 이 시장에만 어필할 만한 고유의 상품을 개발하지 않는가?

퍼플 카우의 문제점

사실 두려움의 문제다. 퍼플 카우가 손쉽고 효과적인 길이라면, 왜 모든 이가 그렇게 하지 않을까? 왜 퍼플 카우 되기가 힘들까? 누구는 멋진 아이디어가 드물다거나, 아니면 멋진 아이디어가 있더라도 회사 차원에서 감당할 수 없다는 말을 당신에게 믿으라고 할지도 모른다. 물론 이건 다 허튼소리다.

퍼플 카우가 드문 건 두려워하기 때문이다. 당신이 리마커블하면, 일부 사람들이 당신을 좋아하지 않을 수도 있다. 이건 리마커블에 대한 정의의 일부분이다. 누구도 절대 만장일치로 칭찬받지 못한다. 소심한 인간들이 바랄 수 있는 최선은 누구의 눈에도 띄지 않는 것이다. 비난은 두드러진 사람에게만 쏟아진다.

당신은 실패하는 법을 어디서 배웠는가? 당신이 보통의 미국인들과 비슷하다면, 초등학교 1학년 때 배웠을 것이다. 당신은 그때부터 튀지 않는 게 가장 안전한 길인 것을 알아차린다. 선을 넘지 않게 색칠하고, 수업 시간에는 너무 많이 질문하지 않으며, 주어진 숙제를 잘하는 게 안전하다고 말이다.

우리는 학교를 공장처럼 가동한다. 아이들을 줄에 맞춰 세우고, 학년이란 묶음으로 나누고, 불량 부품은 없는지 눈에 불을 켜고 확인한다. 아무도 두드러지지 않고, 처지지 않으며, 앞서가지 않고, 소란을 피우지 않는다.

안전하게 행동하기, 규칙 준수하기. 이런 것들은 실패를 피하는 최고의 방법인 것처럼 보인다. 그리고 학교에서는 이런 방법이 통했는지도 모른다. 우리는 대부분 이런 법칙이 모범이라고 배웠는데, 이 모범이라는 놈은 지극히 위험하다. 이건 궁극적으로 실패로 인도하는 법칙이다. 북적대는 시장판에서 튀지 않는 건 곧 실패하는 것이다. 바쁜 시장판에서 두드러지지 않는 건 보이지 않는 것과 다름없다.

《상식을 뒤엎는 마케팅이 성공한다》의 저자 존 스폴스트라Jon Spoelstra는 퍼플 카우의 딜레마를 지적한 바 있다. 상황이 나쁠 때, 지금은 리마커블할 여유가 없다고 얘기하는 것도 무리는 아니다. "어떻든 간에 우리는 살아남아야 해. 안전하게 행동하는 게 좋아. 실수를 저지르는 데 쓸 돈은 없어." 반대로 상황이 좋을 때는 좀 쉬라고, 편하게 생각하라고 얘기할 것이다. "지금은 보수적으로 지낼 여유가 있어. 좀 안전하게 행동하라고."

좋은 소식이 있다면, 대부분이 퍼플 카우에 대해 잔뜩 겁을 먹고 있어서, 당신은 훨씬 적은 노력으로 리마커블해질 수 있다. 신제품이 성공하려면 눈에 띄는 그 무엇이 되어야 하는데, 다른 사람들은 스스로 눈에 띄기를 바라지 않고 있으니, 경기는 끝난 것 아닌가! 따라서 우리는 선택의 갈림길에 서 있다. 보이지 않고, 이름도 없이, 비난도 받지 않고 안전하게 행동할 것이냐, 아니면 위대함, 독특함, 그리고 퍼플 카우를 위해 위험을 무릅쓸 것이냐.

〈뉴욕 타임스〉에 따르면, 뉴욕시 암스테르담Amsterdam Avenue의 14블록짜리 구역에는 음식점이 74개나 있다. 이 음식점들은 정말로 지루하다. 물론 20~30가지 문화권의 요리를 제공하고, 음식도 가끔은 꽤 먹을 만하지만, 이 구역에 리마커블한 음식점이라곤 없다. 뉴욕의 몇몇 놀랄 만한 음식점과 비교하자면 이 구역 음식점들은 아주 지루하다.

이유는 간단하다. 모든 돈과 시간을 음식점 개업하는 데 쓰고 나면, 음식점 창업자들은 새로운 위험 부담을 감수할 마음이 없어진다. 지루한 음식점은 딱히 비난받지 않는다. 그저 다른 음식점들과 비슷하다면, 아무도 굳이 그 음식점에 대해 험담을 늘어놓지 않는다.

레이스 피자Ray's Pizza는 평균 이상도 이하도 아니다. 그다지 실망하지도 않을 테지만, 만족해서 미소를 지으며 먹을 일도 없다. 그건 그저 평범한 또 하나의 뉴욕 피자집이다. 그 결과 음식점 주인은 근근이 먹고살지만, 혹평받거나 사람들을 불쾌하게 할 걱정을 할 필요는 거의 없다.

우리는 거짓된 믿음을 배우며 자랐다. 비판은 실패로 귀결된다고 잘못 생각하고 있다. 학교에 가면서부터 우리는 눈에 띄는 게 안 좋은 일이라고 배웠다. 눈에 띄게 되면, 하버드대학교가 아니라 교장실로 불려가야 했다. "그래, 나는 나를 진지한 비판의 무대에 올려놓고 싶어!"라고 말하는 사람은 아무도 없다. 그렇지만 리마커블하기 위한 유일한 방법은 바로 그렇게 하는 것이다.

수십 년 전, 앤드루 웨일Andrew Weil이 하버드 의대에 진학했을 때와 지금의 커리큘럼 사이에는 거의 달라진 게 없다. 그때나 지금이나 목표는 최대한 좋은 의사가 되는 것이지, 기존의 병원 체제에 도전하는 게 아니다.

웨일은 그의 동료들과 다른 길을 걸었다. 웨일의 책은 수백만 부가 팔렸다. 그의 글, 강연, 병원이 수십만 명을 도왔다. 이 사실에 웨일은 대단한 자부심을 느꼈다. 그리고 웨일은 정말 부자다. 이는 웨일이 대부분의 의대 동기들이 무모하다고 생각한 일을 했기 때문이다. 의사들은 창조하고, 또 유지하기 위해 매일 일하는 그 시스템으로 인해 과로에 시달리고, 피곤해하고, 좌절감을 느끼고 있다. 그런데 앤드루 웨일만 아주 즐거운 한때를 보내고 있다. 다시 말하지만 안전한 길은 위험하다.

우리는 비판을 싫어하기 때문에 대부분 그냥 숨어버리거나, 부정적인 피드백을 회피한다. 이리하여 성공하지 않겠다는 약속을 하고 있는지도 모른다. 만약 난관을 헤치고 나가는 유일한 방법이 리마커블해지는 것이고, 비난을 피하는 유일한 방법이 지겹지만 안전하게 행동하는 것이라면, 이런 것도 과연 선택이라고 해야 하는가?

당신과 프로젝트는 별개다. 프로젝트에 대한 비난이 당신에 대한 비난은 아니다. 내가 이 사실을 강조해야 하는 것만 봐도, 우리가 퍼플 카우의 시대에 얼마나 준비가 안 되어 있는지 알 수 있다. 단 1번도 비판을 받지 않는 프로젝트를 수행하는 사람이야말로 종국에는 실패한다.

직장 생활을 하면서 무언가 잘못을 저질렀다면, 준비 부족이나 어설픔을 이유로 정당한 비판을 받을 수 있지 않은가? 당연히 그렇다. 하지만 이런 잘못은 퍼플 카우와 관련해 당신이 경험하는 성공이나 우여곡절과는 아무런 상관이 없다. 당신이 쓸모없는 제품을 내놓는다면 그 실패에 대한 비난이 쏟아지겠지만, 그건 당신에 대한 게 아니라 당신의 아이디어에 대한 것이다. 화가, 극작가, 자동차 디자이너, 작곡가, 광고 아트 디렉터, 작가, 요리사까지 위대한 인물들은 하나같이 아주 큰 실패를 경험했다. 이런 실패야말로 이들의 성공적인 작품을 위대하게 만든 또 하나의 이유이다.

내 생각에 캐딜락Cadillac의 신형 CTS는 아마 구소련권에서 생산됐던 차를 제외하고는 가장 못생긴 차일 것이다. 캐딜락은 자동차 잡지, 자동차 대리점, 인터넷 게시판에서 호되게 비판을 받았다. 그런데 보라. 신형 CTS는 잘만 팔리고 있다. 그것도 빠르게. 이것은 낡아빠진 브랜드 캐딜락의 부활이며, 수십 년 만의 대성공이다. '공식' 비평가들이 이 차를 싫어한들 무슨 상관이 있을까? 정작 이 차를 사는 사람들이 엄청나게 좋아하는데 말이다.

2002년도 흥행 수익 상위 영화 목록을 살펴보면, '스파이더맨Spider-Man'과 '골드멤버Goldmember' 다음으로 '나의 그리스식 웨딩My Big Fat Greek Wedding'이라는 영화가 있다. 할리우드에서는 싸구려 티가 난다고, 독립 영화계에서는 독창성과 신선함이 떨어진다고 비판을 받았던 영화다. 겨우 제작비 300만 달러를 투자한 이 영화의 성공 원인은 바로 할리우드와 독립 영화계가 비판한 그 지점들 덕분이었다. 싸고 유쾌한 이 데이트용 영화는 눈에 딱 띌 만큼 특별했고, 시장은 놓치지 않고 알아봤다.

약 40년 전, 내가 가장 좋아하는 퍼플 카우 중 하나인 밥 딜런Bob Dylan이 뉴포트 포크 페스티벌Newport Folk Festival에 모습을 드러냈다. 이날 밤 딜런은 거의 화형식을 당할 정도로 비난받았다. 전기 기타에 손을 대는 행위는 반역죄로 받아들여졌다. 사람들은 밥 딜런이 중요한 가치를 저버렸다고 비난하고 분노했다. 하지만 그들 역시 틀렸다.

2001년 억만장자 마이크 블룸버그Mike Bloomberg가 뉴욕 시장 선거에 출마했다. 사람들은 그를 비판하고, 따돌리고, 야유하고, 아마추어라고 몰아붙였다. 그러나 그는 당선됐다. 궁금하면 가서 더 알아봐도 좋다.

만화 '둔스베리Doonesbury'에서 기괴한 기술의 막다른 길이라고 완벽하게 놀림거리가 됐던 애플의 PDA 뉴턴Newton이 실패한 이후, 팜 파일럿Palm Pilot을 발명한 사람들에게는 여러 가지 일들이 기다리고 있었다. 초기 모델은 반응이 없었고, 초창기 합작 벤처는 실패했다. 상표권 분쟁에서 패소해 일본의 어떤 필기구 제조 회사에 이름도 빼앗겼다. 팜 파일럿 개발자들에게 손쉽고 현명한 선택은 다 포기하고 기술 연구소 같은데 가서 적당한 일이나 하는 것이었으리라.

그러나 팜 파일럿 설립자들은 버텼다. 업계의 정설은 다목적 제품을 내놓아야 한다고 했지만, 이들은 팜 파일럿을 단일

목적에 충실한 제품으로 만들었다. 업계의 정설은 고가의 하이테크 제품을 내놓아야 한다고 했지만, 저가 정책을 고수했다. 팜 파일럿 창업자들은 예외적이었으며, 결국 승리했다.

그러나 그 후 팜 파일럿이 안전한 길을 택하는 쪽으로 방향을 바꾸자, 이 회사는 비틀거리기 시작했다. 3년 동안 연속해서 기능 향상을 게을리하며 꾸물거리자 시장 점유율과 수익이 하락했다.

이런 성공 사례들을 뷰익Buick과 비교하자면, 뷰익은 따분한 차다. 거의 50년 동안 따분한 차였다. 뷰익을 갖고 싶어 안달하는 사람은 거의 없다. 뷰익은 비판할 거리도 별로 없지만, 그렇다고 별로 성공적이지도 않다.

드럭스토어닷컴Drugstore.com 역시 따분한 회사다. 웹 사이트도 따분하고, 파는 물건도 따분하다. 요즈음 누가 브라운Braun에서 새 칫솔을 내놓았다고 환호하겠는가? 드럭스토어닷컴의 사업 방식에 대해서 비판할 만한 것이 많이 있을까? 그렇지 않을 것이다. 그러나 드럭스토어닷컴에는 퍼플 카우가 없다. 그 결과 이 회사에서 물건을 사려고 하는 신규 고객도 별로 없다.

그렇다면 어떤 아이디어가 실패로 끝나고 어떤 아이디어가 힘들여 시작해 볼 만한 가치가 있는지를 어떻게 예측할 수 있을까? 답은 간단하다. 그건 불가능하다. 당신의 퍼플 카우가 꼭 성공할지 못할지는 알 수가 없다. 그것이 충분히 리마커블한지 아니면 너무 위험천만한지도 알 수 없다. 이게 바로 핵심이다. 퍼플 카우가 통하는 이유는 결과를 전혀 예측할 수 없기 때문이다.

교훈은 간단하다. 따분한 건 항상 실패로 귀결된다(물론 따분한 것이 그 자체로서 저절로 리마커블한 경우는 예외다). 따분한 건 언제나 가장 위험한 전략이다. 현명한 사업가는 이것을 인식하고, 사업 과정에서 위험을 최소화하기 위해 노력한다. 때로 사업이 잘 안 풀릴 때도 있다는 것을 알고, 그래도 괜찮다는 사실을 받아들여라.

캐딜락

캐딜락의 신형 CTS는 아마 구소련권에서 생산됐던 차를 제외하고는 가장 못생긴 차일 것이다. 캐딜락은 자동차 잡지, 자동차 대리점, 인터넷 게시판에서 호되게 비판을 받았다. 그런데 보라. 신형 CTS는 잘만 팔리고 있다. 그것도 빠르게. 이것은 낡아빠진 브랜드 캐딜락의 부활이며, 수십 년 만의 대성공이다. '공식' 비평가들이 이 차를 싫어한들 무슨 상관이 있을까? 정작이 차를 사는 사람들이 엄청나게 좋아하는데 말이다.

리더를 따르라

새들은 왜 떼를 지어 날까? 그건 리더를 따르는 새들이 편하게 날 수 있기 때문이다. 리더가 바람의 저항을 가르면, 뒤따르는 새들은 훨씬 더 효율적으로 날 수 있다. 삼각형 대형을 갖추고 날지 않으면, 기러기는 긴 목적지에 도착할 때까지 에너지를 유지하지 못할 것이다.

위험을 싫어하는 많은 사업가들은 본인도 새들과 비슷한 전략을 따를 수 있다고 생각한다. 그들은 어떤 선도자가 획기적인 아이디어를 증명할 때까지 기다렸다가, 서둘러 그 아이디어를 모방할 수 있다고 생각한다. 선도자가 바람을 갈라놓아 약해진 저항을 즐기면서 말이다.

그러나 새 떼를 유심히 살펴보면, 실제로는 그 대형이 고정되어 있지 않다는 사실을 발견하게 된다. 몇 분마다 무리 뒤쪽에 있는 새가 대형을 이탈해 맨 앞으로 날아와 리더의 자리를 이어받는다. 이로써 이전의 리더는 뒤로 이동하여 휴식을 취할 기회를 얻게 된다.

리마커블한 경험을 회피하는 사람들의 문제점은 그들이 결코 리더가 되지 못한다는 점이다. 그들은 큰 회사에서 일하기로 하고, 의도적으로 이름 없는 게으름뱅이 역할을 하며, 절대 나서지 않으면서 위험과 비판을 피한다. 만약 그들이 실수해서 잘못된 새를 쫓아가면, 그들은 실패하고 만다.

대기업이 1만 명을 해고할 때, 어쩌면 해고된 사람 대부분은 해고당할 만한 잘못이 없을지도 모른다. 그들은 그저 하라는 대로 했고, 경계선을 넘지 않았으며, 지시를 따랐을 뿐이다. 아뿔싸! 잘못된 리더 새를 고른 게 잘못이었구나.

비록 당신이 꽤 안전한 무리를 발견했다 해도, 이 험난한 세상에서는 어떤 대형 안에 오래 머물기가 점점 더 어려워진다. 새로운 무리를 찾기 위해 허둥지둥 달려가는 자신의 모습을 종종 보게 된다. 따라서 리드하는 능력은 그 어느 때보다 더욱 중요하다. 당신의 무리가 사라져갈 때, 옮겨갈 수 있는 다른 무리가 주위에 없을지도 모르기 때문이다.

이것은 개인의 진로에만 해당하는 얘기가 아니다. 기업들도 똑같은 문제를 갖고 있다. 이들은 비틀거리는 선도업체를 따르거나 시장이 고갈되고 있다는 사실을 깨닫지 못한 채 최초의 히트 상품을 모방한 수천 개의 상품을 내놓는다. 모두가 얼마나 게으른가.

지난 수년간 음반 업계는 몇몇 주요 음반 회사가 장악해왔는데, 이들은 서로의 강점을 쫓아가기 위해 열심히 노력해왔다. 이 음반 회사들은 가격, 판매 정책, 계약서, 포장까지 비슷하다. 서로 한패가 되어 비판을 면하려는 것이다.

그러다 시장이 변하자 음반 회사들은 모두 곤란한 처지에 놓이게 됐다. 리드하는 법도 연습하지 않았고, 새로운 분야를 개척해본 적도 없으므로 그들은 덫에 걸려 공포에 질린 채 심각한 곤경에 빠져 있다. 이들의 협회인 RIAA는 세상을 원래대로 묶어놓을 법안을 통과시키기 위해 의회 로비 자금으로 수백만 달러를 쓰고 있다.

물론 그들은 결국 실패할 것이다. 비록 의회의 영향력을 돈을 주고 산다 해도 시대의 흐름을 돌이킬 수는 없다. 퍼플 카우의 교훈을 다시 한번 반복한다. 안전한 길은 위험하다. 언제든 리드할 준비를 갖춰라.

선도업체를 따라가기 위해 당신의 회사는 어떤 전략을 사용하고 있는가? 그 전략을 버리고 아주 다른 것을 시도한다면 어떻게 될까? 똑같이 해서는 따라잡을 수 없다는 사실을 알았다면, 이제 다르게 함으로써 따라잡을 방법들을 생각해보자.

사례 연구:
에어론 의자

허먼 밀러Herman Miller 이전에 사무용 의자는 보이지 않았다. 사무용 의자는 담당 부서의 직원들이 견적서를 쓰고 구매가 이뤄졌기 때문에, 당신이 CEO가 아니라면, 의자에 대해 발언할 기회가 없을 것이다. 그리고 어쩌면 당신은 편안한 사무용 의자와 그렇지 않은 것들의 차이를 못 알아챌지도 모른다.

사무용 의자 구매 담당자들은 안전하고 쉬운 선택을 찾고 있었다. 제조업체들은 구매자의 이야기를 주의 깊게 귀담아들었다가 안전하고 쉬운 답을 만들어냈다. 지루한 결과만 있는 지루한 시장이었다.

허먼 밀러가 1994년 750달러짜리 에어론 의자Aeron chair를 발표했을 때, 이 회사는 대단한 위험을 무릅쓴 것이었다. 허먼 밀러는 다르게 생기고, 다르게 기능하며, 엄청나게 비싼 의자를 내놓았다. 그것은 퍼플 카우였다. 이 의자를 본 사람은 누구나 앉고 싶어 했고, 앉아본 사람은 누구나 그 의자에 관해 얘기했다. 허먼 밀러의 디자이너들은 자기네 의자가 너무 비싸서 평범한 구매 담당자에겐 안전한 품목이 아니라는 사실을 잘 알고 있었다. 그들은 또한 자기네 의자가 많이 팔릴 것 같지 않다고 생각했다.

하지만 허먼 밀러가 옳았다. 에어론 의자에 앉는 것은 당신이 과거에 무엇을 했고 당신이 현재 누구인지에 대한 메시지를 보냈으며, 회사용으로 에어론 의자를 사는 것 역시 같은 메시지를 보냈다. 에어론 의자가 나온 지 얼마 지나지 않아, 세스 골드스틴Seth Goldstein(최초의 온라인 다이렉트 마케팅 광고 대행사인 사이트스피시픽SiteSpecific의 설립자)은 벤처 캐피탈에서 돈을 받자마자 12개도 넘는 에어론 의자를 사들였다. 이 덕분에 세스 골드스틴은 〈월 스트리트 저널〉의 1면을 장식했다.

허먼 밀러 스토리는 많은 것처럼 부풀려졌지만 마케팅 비용을 매체가 아니라 제품에 투자한 사례다. 1994년 에어론 의자가 처음 출시된 이후 이 의자는 수백만 개가 팔려나갔고, 지금은 뉴욕에 있는 현대 미술관의 영구 소장품이 되었다.

"우수한 디자인은 해결사다. 하지만 이걸 쿨cool 요소와 결합할 수 있다면, 당신을 홈런을 칠 것이다." 허먼 밀러의 커뮤니케이션 이사를 역임한 마크 셔먼Mark Schurman의 말이다. 허먼 밀러는 안전한 의자를 만드는 게 자기들이 할 수 있는 가장 위험한 일임을 알았다.

허먼 밀러

허먼 밀러 이전에 사무용 의자는 보이지 않았다. 사무용 의자 구매 담당자들은 안전하고 쉬운 선택을 찾고 있었다. 제조업체들은 구매자의 이야기를 주의 깊게 귀담아들었다가 안전하고 쉬운 답을 만들어냈다. 지루한 결과만 있는 지루한 시장이었다. 허먼 밀러가 1994년 750달러짜리 에어론 의자를 발표했을 때, 이 회사는 대단한 위험을 무릅쓴 것이었다. 허먼 밀러는 다르게 생기고, 다르게 기능하며, 엄청나게 비싼 의자를 내놓았다. 그것은 퍼플 카우였다. 허먼 밀러는 안전한 의자를 만드는 게 자기들이 할 수 있는 가장 위험한 일임을 알았고, 허먼 밀러가 옳았다. 안전한 것은 위험하다.

예측, 이윤, 그리고 퍼플 카우

매스 마케팅은 대중 상품을 요구한다. 그리고 대중 상품은 매스 마케팅이 필요하다. 이 방정식 때문에 위험한 딜레마에 빠지고 마는데, 그것은 두 부분으로 구성돼 있다.

제1부: 지루한 제품

매스 마케팅에 기반하여 세워진 회사는 그에 따라 제품을 개발한다. 이런 회사들은 날카로운 데를 무디게 하고, 특징을 없애버리며, 대중에게 맞는 개성 없는 제품을 만든다. 매운 음식을 덜 맵게 하고, 믿어지지 않을 정도로 뛰어난 서비스를 약간 덜 뛰어나게, 그리고 약간 더 싸게 만든다. 이들은 모든 것을 시장의 평균 수준으로 떨어뜨린다. 케이마트와 월마트의 머천다이저나 존슨앤드존슨Johnson & Johnson의 구매 담당자의 말에 귀를 기울이고 모든 사람에게 호감을 살 만한 제품을 만든다.

신문이나 TV를 통해 대형 광고를 할 때, 결국 당신이 바라는 것은 최대한 호감을 사는 것이다. 그렇지만 제품이 모든 사람에게 호감을 사지 못한다면 모두에게 광고해봐야 무슨 소용이 있겠는가? 마케터들은 그릇된 논리로 앞장서서 제품의 성공 가능성을 최소화하고 있다. 광고가 다음의 소비자들에게 도달한다는 걸 잊지 말자.

• 새로운 것을 몹시 갈망하지만 매스 마케팅 상품에 진절머리가 나서 무시하기로 마음먹은 이노베이터와 얼리 어댑터.
• 어떤 새로운 상품에 대한 광고라도 귀를 기울일 가능성이 낮으며, 설사 귀를 기울이더라도 구매할 가능성이 낮은 전기 및 후기 다수 수용자.

마케터들은 시장의 중간 부분을 목표로 삼고 제품을 그에 따라 설계하면 마케팅 예산을 허비하고 있다. 대중 시장을 대상으로 수준을 낮춘 제품을 광고하느라 10억 달러 이상을 허비한 소비자 대상 닷컴 회사 수십 개의 목록. 동네 식료품점 또한 대중을 겨냥한 아류 제품의 공동묘지라고 할 수 있다.

우리가 앞서 살펴보았듯이, 아이디어가 시장에 있는 대부분의 사람에게 도달하는 방법은 무어의 곡선에서 왼쪽에서 오른쪽으로 이동하는 것밖에 없다. 한번에 모든 이에게 도달하기란 이제 불가능하다. 그리고 스니저의 열광과 관심을 사로잡지 못하면, 당신의 제품은 시들고 말 것이다.

제2부: 엄청난 예산

대중을 위한 제품을 출시하기 위해서는 큰 돈을 써야 한다. 한 지역을 대상으로 어떤 제품을 출시하려고 100만 달러를 썼다거나, 미국 전역에서 효과적인 제품 발매를 하려고 100배 정도 더 썼다고 해도 그리 놀랄 만한 일이 아니다. 매년 할리우드에서 제작되는 메이저급 영화 300여 편의 각 제작사는 영화당 마케팅 비용으로 2,000만 달러 이상을 쓴다.

엄청난 예산을 들인 상품의 문제점은 광고가 꼭 잘돼야 하며, 효과가 빨리 나타나야 한다는 점이다. 당신이 진흙탕 경쟁을 헤치고 나가지 못하고, 상상력과 관심을 사로잡지 못하고,

판매상들이 흥미를 못 느껴서 제품을 들여놓지 않고, 재고를 처분해 주지 못한다면 게임은 끝난다. 당신은 기회를 놓친 것이다. 두 번째 기회는 없고, 제품은 수명을 다한 것으로 간주한다. 예산을 미리 다 써버리는 것은 2가지 결과를 가져온다.

• 당신에겐 새로운 제품을 내놓을 기회가 거의 없어질 것이다. 왜냐하면 여기에 돈이 너무 많이 든다. 따라서 당신은 위험한 승부를 피할 것이고, 그 결과 지루한 모방 제품을 내놓을 가능성이 더욱더 커진다.

• 아이디어 확산 곡선을 따라 제품을 퍼뜨릴 기회가 없어진다. 스니저에게 도달하는 데 시간이 좀 걸리고, 이 스니저가 나머지 소비자들에게 퍼뜨리는 데도 시간이 좀 걸린다. 그러나 예산을 미리 다 써버리게 되면, 막상 대다수의 소비자가 당신 제품에 관해서 얘기를 들었을 때쯤, 당신은 판매상들을 다 잃고, 재고품도 모두 처분하고, 아니면 최악의 경우, 당신의 신생 회사는 파산 지경에 이르렀을지도 모른다.

눈부시게 뛰어난 제품 수십 가지가 닷컴 버블 시기에 시장에 소개됐다. 그들 중 대부분은 확산될 기회조차 얻지 못했다. 예를 들어, 당신과 UPS 배달원 말고는 아무도 그 용도를 모르는 비바람에 견디는 포장 용기나 당신이 동네에서 어느 술집, 카페, 음식점이 좋은지 아무도 모른다. 그리고 어떤 행사가 벌어지고 있는지 알려주는 작은 전자 장치, 또 소비자들이 쉽게 큰 회사들에 피드백을 보내고 소비자 문제를 해결도 해주는 웹 사이트까지.

이 모든 경우 풋내기 회사들은 자본 대부분을 매스 마케팅에 썼다. 너무 일찍 나타났다가 아이디어가 퍼지기도 전에 사라져버린 마케팅 꼴이었다. 이 경우를 지난 10년 동안 할리우드를 놀라게 했던 성공적인 영화들과 비교해보라.

'블레어 위치Blair Witch'나 '나의 그리스식 웨딩'이 모습을 드러냈을 때, 제작사는 막대한 마케팅 예산을 들여 선전하지 않았다. 그 대신 영화 제작자는 현명하게도 리마커블한 영화를 만드는 데 집중했다. 그 결과 몇몇 이노베이터들이 우연히 이 영화를 발견했고, 소문이 번지기 시작했다.

이런 영화들의 성공은 당연한 것 같지만, 큰 수의 고객층을 겨냥한 거의 모든 제품은 앞서 얘기한 함정에 빠지고 만다.

만약 당신이 앞으로 출시할 3가지 제품의 마케팅 예산을 디자이너에게 다 준다면 어떻게 될까? 당신은 세계적 수준의 건축가나 디자이너, 조각가, 감독, 저자를 고용할 여유가 있는가?

사례 연구:
세계 최고의 빵집

리오넬 푸알란Lionel Poilane은 아버지가 프랑스 제빵사였고, 젊어서 빵집을 물려받았다. 하지만 리오넬은 가만히 앉아서 지켜보기보다는, 리마커블한 것을 만드는 것에 사로잡혔다.

그는 8,000명도 더 되는 프랑스 제빵사들과 면담하며 그들의 기술에 대해 광범위한 조사를 했고, 프랑스에서 유기농 밀가루 사용의 개척자가 됐다. 그는 바게트 굽기를 거부했는데, 그 이유는 바게트가 너무 맛없을뿐더러 아주 비프랑스적이기 때문이었다(바게트는 비엔나에서 들어왔다). 그는 세상에서 가장 많은 제빵 요리책을 수집했고, 열심히 공부했다.

그의 효모 빵은 밀가루, 물, 발효제, 바다 소금만으로 만들고, 장작 오븐에서 굽는다. 푸알란은 제빵사를 채용하지 않는 대신(그에 따르면 기존의 제빵사들은 버려야 할 습관이 너무 많다고 한다) 기꺼이 몇 년씩 그의 도제가 되겠다는 청년들을 고용했다.

처음에 프랑스의 제빵 업계는 너무 혁신적이고 다르다는 이유로 푸알란의 제품을 받아들이지 않았다. 그러나 빵의 뛰어난 품질과 푸알란의 완벽주의는 마침내 그들의 마음을 돌리는 데 성공했다.

파리의 근사한 음식점들은 이제 대부분 푸알란의 빵을 내놓는다. 전 세계에서 온 사람들이 커다란 효모 빵 한 덩어리를 사기 위해 셰르셰 미디 거리Rue de Cherche Midi에 있는 그의 작은 가게 앞에서 줄을 지어 기다린다. 그가 설립한 회사는 이제 빵을 전 세계로 수출하고 있고, 수제 빵을 세계적인 제품으로, 얘기할 만한 가치가 있는 제품으로 변모시켰다. 지난해 리오넬은 1,000만 달러가 넘는 빵을 팔았다.

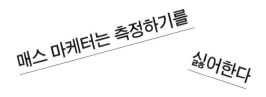

매스 마케터는 측정하기를 싫어한다

물론 다이렉트 마케터는 측정이 성공의 열쇠라는 걸 알고 있다. '무엇이 효과적인지 알아낸 다음, 그것을 더 많이 하라!' 매스 마케터는 항상 이런 유혹에 저항해 왔다.

　내가 전 직장에 있을 때, 세계에서 제일 큰 잡지 출판사 중 한 군데의 사장을 만나서, 광고를 누가 보았는지, 누가 반응을 보였는지를 광고주들이 추적할 수 있는 기술을 설명했다. 그 사장은 깜짝 놀라 어쩔 줄을 몰라 했다. 그는 그런 종류의 데이터가 자기 사업을 망쳐버릴 수 있다는 걸 깨달은 것이다. 그는 그렇게 되면 일이 훨씬 복잡해지므로 자기 고객들이 그 데이터를 원하지 않을 것이란 사실을 간파했다.

　측정할 수 있다는 건 잘못이 있다면 인정하고, 그 잘못을 개선할 수 있다는 의미이다. 매스 미디어 광고는 TV 광고든 인쇄 광고든 모두 감정과 기교에만 관심이 있지, 잘못을 고치는 문제에는 관심이 없다. 인터넷 광고 붐이 그렇게 빨리 사그라진 이유 중 하나는 인터넷 광고가 광고주들에게 측정하도록, 그리고 그 결과 무엇이 잘못되고 있는지 인정하도록 강요했기 때문이다.

물론 퍼플 카우의 창조자 역시 마땅히 측정해야 한다. 모든 제품, 상호 작용, 정책은 효과를 보거나 그렇지 않거나 둘 중 하나다. 측정하는 회사는 빨리 자신의 생산품을 최적화해서 더욱 아이디어 바이러스가 될 만한 제품으로 만든다.

비공식적인 소비자 네트워크를 모니터하는 일이 점점 더 쉬워짐에 따라, 무엇이 제일 빨리 효과가 있는지 알아내서 그것을 더 많이 하는, 그리고 무엇이 소용없는지 알아내서 그만두는 회사가 승자가 될 것이다.

자라Zara는 유럽에서 가장 빠르게 성장하는 패션 브랜드 중 하나인데, 3~4주마다 옷 스타일을 바꾼다. 무엇이 통하고 무엇이 통하지 않는지 주의 깊게 살펴보면서 경쟁사보다 훨씬 더 빠르게 새로운 스타일을 선보일 수 있었다.

　　당신은 무엇을 측정할 수 있는가? 측정하는 데 얼마나 돈
이 들까? 얼마나 빨리 그 결과를 낼 수 있을까? 할 수만 있다
면, 당장 시도하라.

사례 연구:
로지텍

로지텍Logitech은 어떻게 미국에서 가장 빨리 성장하는 테크놀로지 회사가 되었을까? 로지텍의 마우스, 트랙볼, 입력 장치 같은 것들이 실리콘 밸리 첨단 기술의 정수가 아닌 건 분명하다. 사실 첨단 기술의 결여가 로지텍 성공의 주요한 이유이다.

　로지텍이 성공한 이유는 자신들이 패션 비즈니스에 속했다는 사실을 경영진들이 이해하기 때문이다. 로지텍 제품의 본질은 자주 바뀌지 않는다. 그러나 기능성과 스타일은 끊임없이 바뀐다. 경영진은 어떻게 하면 더 좋은 칩을 개발할 수 있는지 알아내려고 열심히 노력하진 않는다. 반면 더 나은 사용자 경험을 창조하기 위해선 미친 듯이 일한다.

　자주 사용하는 사람에겐 좀 더 잘 되고, 좀 더 쓰기 편리한 입력 장치의 효과가 엄청나다. 너무 엄청나서 많은 사용자들이 신나서 동료들에게 홍보할 정도다. 퍼플 카우에 대한 스니저의 활동이다. 로지텍은 광고를 갈망하지 않는다. 로지텍은 더 리마커블한 제품을 갈망할 뿐이다. 그게 바로 로지텍의 고객들이 사고 싶어 하는 것이니까.

로지텍

로지텍이 성공한 이유는 자신들이 패션 비즈니스에 속했다는 사실을 경영진들이 이해하기 때문이다. 로지텍 제품의 본질은 자주 바뀌지 않는다. 그러나 기능성과 스타일은 끊임없이 바뀐다. 자주 사용하는 사람에겐 좀 더 잘 되고, 좀 더 쓰기 편리한 입력 장치의 효과가 엄청나다. 너무 엄청나서 많은 사용자들이 신나서 동료들에게 홍보할 정도다. 퍼플 카우에 대한 스니저의 활동이다. 로지텍은 광고를 갈망하지 않는다. 로지텍은 더 리마커블한 제품을 갈망할 뿐이다. 그게 바로 로지텍의 고객들이 사고 싶어 하는 것이니까.

퍼플 카우의 세계에서 누가 승리하는가

사실상 이제 누가 패자인지는 분명해졌다. 커다란 공장과 분기별 목표를 가지고 있는 대형 브랜드들, 기업 내부의 타성에 젖어 있는 조직들, 눈앞의 위험에 놀라 지레 겁을 먹고 움츠러드는 그런 조직들이 바로 패자이다. TV-산업 복합체의 순환 구조에 잠깐이라도 빠진 회사들은 리마커블하기 정말 힘든 그런 계층 구조와 시스템을 만들어버린다.

승자는 시장 점유율을 늘리고자 하는 중간 규모 또는 그보다 작은 회사들이라는 게 분명하다. 이런 회사들은 잃을 게 하나도 없고, 규칙을 바꿔서 얻을 게 많다는 사실을 명확히 이해하고 있다. 물론 큰 회사 중에도 이런 사실을 깨닫고 덜 위험한 길을 선택하는 용기 있는 회사가 있지만, 현재 가진 제품과 전략에만 매달리는 작은 회사들도 있다.

내가 이 글을 쓰고 있는 지금, 독일, 프랑스, 이탈리아, 스페인, 그리고 다른 10개가 넘는 유럽 국가에서 1위를 달리고 있는 노래는 케첩에 관한 것이다. 노래 제목은 '케첩Ketchup'인데, 당신이 들어본 적도 없을 자매가 부른다.

또한 미국에서 흥행 2위를 달리고 있는 영화는 말하는 야채들이 나와 성경의 스토리를 연기하는 저예산 애니메이션 영화이다. 둘 다 육중하게 움직이는 미디어 거대 기업으로부터는 결코 기대할 수 없는 종류의 작품이다.

샘 아담스Sam Adams 맥주는 리마커블했고, 버드와이저Budweiser 시장의 상당 부분을 빼앗았다. 하드 매뉴팩처링Hard Manufacturing사의 3,000달러짜리 도언베커Doernbecher 침대는 병원 침대 시장 전체를 개척했다. 야마하Yamaha의 전자 피아노는 자리를 잘 잡고 있던 선도자들로부터 전통 피아노 시장의 상당 부분을 계속해서 빼앗고 있다.

뱅가드의 엄청나게 저렴한 뮤추얼 펀드는 피델리티Fidelity의 시장 지배 속에서도 계속 선전하고 있다. 빅BIC은 몇 세대 전 자신들이 만년필로부터 시장을 빼앗은 것처럼, 아주 재미

있게 사용할 수 있는 펜을 개발한 일본 경쟁자들에게 엄청난
시장 점유율을 잃는 중이다.

사례 연구: 새로운 종류의 키위

가장 최근에 뉴질랜드가 북미 지역을 대상으로 성공적으로 소개했던 과일은 구스베리였다. 수입상들은 이름을 키위로 바꿔 여피족, 미식가, 고급 슈퍼마켓에 소개했고, 키위는 날개 돋친 듯 팔렸다. 오늘날 새로운 과일에 관한 아이디어를 확산시키는 건 무척 어려운 일이다. 그렇다면 껍질을 먹을 수 있는 금빛의 새로운 키위는 어떻게 출시할 수 있을까?

제스프리는 새로운 키위를 재배하는 법을 아는 유일한 회사였다. 그들은 라틴계 미식가라는 틈새를 공략했다. 새로운 키위는 망고나 파파야와 공통점도 많지만, 리마커블하기에 충분할 만큼 다른 점도 있었다. 제스프리는 고급 라틴계 식료품점을 목표로 삼았다. 새롭고 다른 곳에선 살 수 없는 걸 시도해 보려는 성향과 시간이 있지만 이제까지 제대로 만족을 못하고 있던 그런 농산물 구매자들을 발견했다.

이리하여 제스프리는 위험을 감수할 줄 아는 스니저 소비자 앞에 전혀 광고 없이 이 과일을 내놓았다. 만약 제스프리가 매장 내 시식을 공격적으로 실시한다면, 라틴계 사회를 효과적으로 공략할 뿐 아니라 궁극적으로는 나머지 대중 시장으로 넘어갈 수 있는 절호의 기회를 잡을 수 있을 것이다. 지난해 제스프리는 골든 키위를 1억 달러어치 이상 팔았지만, 당신이 라틴계가 아니라면, 아마 그 과일을 보지도 못했을 것이다.

퍼플 카우 되기의 이점

그러니까 이건 재미있는 역설이다. 세상은 갈수록 사나워지고, 점점 더 많은 사람들이 안전을 추구한다. 자신의 사업이나 직업에서 사람들은 최대한 위험 요소를 제거하고 싶어 한다. 그리고 대부분의 사람들은 숨는 것이 안전하다고 잘못 믿고 있다. 그 결과 새로운 퍼플 카우를 창조하려고 노력하는 사람은 점점 줄어든다.

동시에 시장은 점점 더 빨라지고 유동적으로 변한다. 우리는 너무 바빠 어디에도 눈길조차 주지 않지만, 소비자들 중 일부는 전에 없이 불만을 품고 있다. 어떤 사람들은 장거리 전화 서비스든, 항공사든, 회계 법인이든 조금 더 나은 것이라면 무엇이 되었든 기꺼이 바꾼다. 은행 직원이 당신을 짜증 나게 한다면, 저 앞에 다른 은행에 가면 된다. 따라서 퍼플 카우가 되려는 사람은 점점 줄어드는 반면, 리마커블한 것에 대한 보상은 계속 증가하고 있다. 열성적으로 실험하는 소수의 사람들이 우리 모두에게 미치는 영향력은 계속된다.

리마커블한 능력이 시장에서 어마어마한 가치를 지니고 있다는 사실이 계속 증명되면서, 퍼플 카우에 뒤따르는 보상도 증가하고 있다. 당신이 새로운 보험 상품을 개발하든, 인기 음반을 녹음하든, 독창적인 베스트셀러 책을 쓰든 뒤따라오는 돈과 명예의 만족은 엄청나다. 실패하거나 웃음거리가 되거나 꿈을 이루지 못하는 데 대한 위험을 감수하는 대신 제대로만 하면 대단한 성공을 체험하게 된다.

게다가 이런 이점들은 그 효력이 다할 때까지 상당 기간 빛을 발한다. 성공을 누리기 위해서 언제나 리마커블할 필요는 없다. 스타벅스는 몇 년 전만 해도 리마커블했지만 이제 스타벅스는 지루하다. 그러나 혁신과 통찰력의 첫 폭발력 덕분에 스타벅스는 전 세계 수천 개의 매장으로 성장했다. 스타벅스가 또 다른 퍼플 카우를 발견하지 않는 한 과거의 눈부신 성장률을 유지할 가능성은 낮다.

물론 그들에게 쏟아진 이득은 대단했다. 스타벅스의 이득이 이렇게 늘어난 것과 맥스웰 하우스Maxwell House를 비교해보라. 10년 전만 해도 커피와 관련된 모든 브랜드 가치는 스타벅스가 아니라 맥스웰 하우스에게 있었다. 그러나 맥스웰 하우스는 안전하게 행동했고, 그 결과 지금 그들은 10년 전보다 나아진 게 하나도 없이 정체되어 있다.

거의 모든 산업과 직업에서 퍼플 카우의 창조자는 엄청난 이득을 얻는다. 스타 축구 선수는 장기 계약을 맺고,《내니 다이어리The Nanny Diaries》같이 운 좋은 베스트셀러의 저자들은 그 속편을 쓰는 조건으로 100만 달러짜리 계약에 서명할 수 있었다. 비록 속편이 도저히 전편만큼 성공할 수 없어도 말이다. 인기 있는 대행사들은 과거 고객들을 성공시킨 것을 기초로 하여 새로운 고객과 손쉽게 계약하고 고용된다. 다 똑같은 이유에서다.

일단 당신이 어떻게든 진정으로 리마커블한 무언가를 창조했다면, 이제 당신에겐 2가지 일을 동시에 해야 하는 도전이 기다리고 있다.

• 퍼플 카우의 젖을 짜라. 가치 있는 것은 모조리 짜내라. 퍼플 카우를 확장하고 최대한 오랫동안 이윤을 얻을 방법을 알아내라.

• 새로운 퍼플 카우를 발명할 수 있는 환경을 조성하라. 첫 번째 퍼플 카우에서 얻는 이득이 불가피하게 점점 사라져갈 때 그걸 대체할 수 있도록 하라.

물론 이 둘은 서로 모순되는 목표이다. 퍼플 카우의 창조자는 성공에 따른 이윤, 영예, 전지전능한 느낌을 즐긴다. 이 성과 중 어느 것도 퍼플 카우 시도가 실패한 경우에는 따르지 않는다. 우리는 힘들이지 않고 성공하려는 유혹에 빠지기 쉽다. 이윤만 챙기고, 재투자는 하지 않고, 위험도 무릅쓰지 않는다. 왜냐하면 그 '위험'이라는 게 당신이 그렇게 열심히 일해서 얻은 이득을 날려버릴 요소처럼 보이기 때문이다.

팜, 야후, AOL, 메리어트Marriott, 마블 코믹스Marvel Comics 등 목록은 끝도 없다. 이 회사들은 대발견을 이루고, 그것을 토대로 제국을 건설했으나, 그러고 나서는 어떠한 위험도 감수하려고 하지 않았다.

　과거에는 눈부신 성공을 몇 번 이루고 나면, 거기에 기대어 오랫동안 잘 지낼 수 있었다. 디즈니Disney는 수십 년 동안 그렇게 힘들이지 않고 성공했다. 밀튼 벌Milton Berle(미국 코미디계의 대부로 1940년대 그의 방송을 보기 위해 시내 상점들이 문을 닫고 TV 판매가 증가하는 등 '미스터 TV'로 불릴 정도로 인기를 누렸다 – 역자 주)도 그랬다. 우리 다음 판에는 그냥 앉아서 쉬자고 결정하기 일쑤다. 미래에 투자하는 일 대신, 현재 가지고 있는 것 위에 무언가를 쌓으려고 시간과 열정을 쏟고 있다고 합리화하면서 말이다.

사례 연구:
이탈리아 정육점

이탈리아에는 수천 개의 정육점이 있지만, 그중 오직 하나만 유명하다. 다리오 세치니Dario Cecchini는 판자노Panzano에 있는 250년 된 정육점이다. 거의 언제나 사람들로 북적대고, 그의 가게를 방문하려고 전 세계에서 사람들이 온다.

다리오 세치니가 단테Dante를 읊고 피오렌티나 비프스테이크Fiorentina beefsteak에 대해 얘기하는 걸 듣기 위해서다. 유럽연합이 뼈가 남아 있는 스테이크의 판매를 금지했을 때(광우병 때문에), 다리오 세치니는 장례식을 열어 그의 가게 앞에 스테이크를 묻었다. 관에 넣어서까지 말이다.

다리오 세치니의 고기가 그렇게 좋을까? 아마 그렇지는 않을 것이다. 별 다를 것 있겠는가? 그러나 고기를 구매하는 과정을 지적이고 정치적인 행동으로 변화시킴으로써, 다리오는 소를 가지고 돈을 버는 방법을 하나 더 알아냈다. 이번에는 퍼플 카우로 말이다.

월 스트리트와 퍼플 카우

현재의 시장 상황이 안 좋기는 하지만, 모든 창업자의 꿈인 주식 상장의 비결은 무엇일까? 인터넷 붐이 일었을 때 성공적으로 주식을 공개한 기업들은 공통점이 하나 있다.

이들은 퍼플 카우를 창조했고, 증명했다. 광적으로 인기가 높았던 채팅 사이트든, 주요 얼리 어댑터들이 격찬했던 데이터베이스 소프트웨어의 베타 버전이든 기업들은 저마다 월 스트리트에 들려줄 성공담이 있었다. 그래서 투자자들이 몰려들 수밖에 없었다.

그 이후 거의 모든 회사가 퍼플 카우의 교훈을 잊었다. 생긴 자본을 더 크고 높은 수준의 다음 퍼플 카우로 이어질 혁신을 계속하는 데 쓰지 않고, 그저 이윤만 챙겼다. 그 회사들은 자기네 퍼플 카우를 단순화하고 기계화하고 우유를 짰다. 충분히 안정되어 있으면서도 빠르게 변화하거나, 아니면 상장 기업이 아주 오랫동안 번성할 수 있을 만큼 그렇게 장기간에 걸쳐 성장하는 시장이란 거의 없다. 연간 성장률 20%의 좋은 시절은 아마 영영 다시 오지 않을 것이다.

리마커블의 반대말

리마커블의 반대말은 '아주 좋다very good'이다.

리마커블한 아이디어는 그렇지 못한 아이디어보다 퍼져나갈 가능성이 크다. 그러나 리마커블한 물건을 만들어내는 용감한 사람은 그리 많지 않다. 왜 그럴까?

내가 볼 때는 사람들이 리마커블의 반대말이 '나쁘다bad', '보통이다mediocre', '서툴게 만들어졌다poorly done'라고 생각해서인 것 같다. 아주 좋은 무언가를 만들면, 사람들은 그것을 아이디어 바이러스가 될 만한 것으로 착각한다. 하지만 내가 리마커블을 얘기할 때 결코 품질을 얘기하는 게 아니라는 점을 명심하라.

비행기를 타고 목적지에 안전하게 도착했다면, 당신은 아무에게도 얘기하지 않을 것이다. 그건 당연한 일이다. 리마커블하다는 건, 믿기 어려울 정도로 형편없거나 서비스가 정말 기대하지 못한 것이어서(1시간이나 빨리 왔더라! 내가 예쁘다면서 티켓을 공짜로 주더라! 등) 다른 사람에게 알려줄 필요가 있는 것이다.

공장들은 품질 기준을 세워놓고 거기에 맞추려 노력한다. 그건 따분한 일이다. 아주 좋은 건 일상적인 일이고 따라서 별로 언급할 만한 가치가 없다.

당신은 아주 좋은 물건을 만들고 있는가? 그렇다면 그걸 얼마나 빨리 그만둘 수 있는가?

병 속의 진주

프렐Prell을 기억하는가? 나 같은 베이비 붐 세대라면 녹색 액체로 가득 찬 맑은 샴푸 병과 바닥으로 서서히 흘러내리던 진주가 눈에 선할 것이다. 프렐 광고에 항상 등장하던 바로 이미지다.

프렐 광고는 샴푸와 진주가 정확히 무슨 관계가 있는지, 왜 우리가 그 진주가 느리게 움직이기를 원했는지에 대해 한 번도 분명하게 설명하지 않았다. 논쟁의 여지가 없는 분명한 사실은 이 TV 광고가 아주 평범한 샴푸를 혁신적으로 성공시켰다는 점이다.

화장품 사업의 퍼플 카우는 어디 있는가? 대부분의 샴푸는 비슷하다. 사람들이 주목하는 건 그 제품의 효과가 아니라 독특하고 이국적인 성분이나 화려한 포장일 뿐이다. 프렐의

닥터 브로너스 샴푸의 뛰어난 포장.

쇠락과(TV 광고가 이제는 먹히지 않았다) 닥터 브로너스Dr. Bronner's
의 점진적인 상승을 비교해 보자.

닥터 브로너스는 광고를 전혀 하지 않지만, 이 회사 제품
의 매출과 시장 점유율은 계속 증가하고 있다. 이런 현상이 만
약 더 좋은 제품 때문이 아니라면, 그럼 무엇 때문일까? 바로
정말 뛰어난 포장 때문이다. 포장은 제품을 고르는 데 있어 매
우 큰 부분이다.

대부분의 사람들은 이 멋진 제품을 친구네 집에서 발견한
다. 손님용 화장실에서 이를 닦고 있으면 여기저기 기웃거리

는 것 말고는 별로 할 일이 없기 때문에, 어쩔 수 없이 샴푸 병에 쓰인 수천 개의 단어를 읽기 시작하기 마련이다. "마음-몸-정신의 균형 잡힌 영양 섭취가 우리의 보약입니다."

닥터 브로너스 샴푸는 독특할 뿐 아니라, 그 독특함이 특정 소비자를 겨냥한다. 그리고 그 소비자 중 얼리 어댑터는 기꺼이 주위에 전도하려 할 것이다.

닥터 브로너스는 샴푸에 관한 한 정말로 리마커블한 샴푸다. 주목할 만한 가치가 있고, 얘기할 만한 가치가 있고, 그리고 많은 사람에겐 살 만한 가치가 있다. 효과적인 광고가 없는 시대에 닥터 브로너스는 거대 회사가 가질 수 있는 어떤 것보다 일방적인 경쟁 우위를 누리고 있다.

닥터 브로너스를 1병 사라. 자, 이제 당신의 공장과 디자이너와 합심해서, 당신 제품 가운데 하나를 변화시켜 브로너화하라.

패러디의 역설

J. 피터맨J. Peterman이 돌아왔다. J. 피터맨의 하얀 카탈로그는 당시의 시대사조 속에서 굳건히 자리 잡았다. 그 글은 너무나 유명해서 시트콤 '사인펠드Seinfeld'에 가상의 J. 피터맨 캐릭터가 등장하기도 했다.

잠시 엘엘빈L.L.Bean이나 랜즈 엔드Land's End에 이와 똑같은 일이 벌어지는 걸 상상해보라(두 회사 모두 카탈로그와 인터넷을 통해 의류를 판매하는 회사이다. 엘엘 빈의 경우에는 오프라인 매장도 운영한다 - 역자 주). 어림도 없다. 그런 카탈로그는 안전하고 한결같고 지루하다. 반면에 최초의 J. 피터맨 카탈로그는 너무 우스꽝스러웠기 때문에 재미있게 패러디할 만했다.

우리는 마사 스튜어트Martha Stewart(평범한 가정주부에서 출발하여 '최고의 살림법'을 팔아 억만장자가 된 입지전적인 인물로, 잡지 발행, 방송 제작, 생활용품 판매 사업을 하는 마사 스튜어트 리빙 옴니미디어의 창업자이다 - 역자 주)의 잡지 앞쪽에 있는 강박 관념에 사로잡힌 듯한 달력이나, 존 벨루시John Belushi와 댄 애크로이드Dan Aykroyd가 코믹 버라이어티 쇼 '새터데이 나이트 라이브Saturday Night Live'에서 패러디했던 시카고의 한 음식점의 '치즈버가cheese-burgah' 사내 2명에게서 똑같은 느낌을 받는다.

이 각각의 경우 패러디를 불러온 바로 그 독특함 덕분에 관심과 매출과 이익이 엄청나게 증가했다. 패러디에 나타났다는 건 무언가 독특한, 장난칠 만한 무언가가 있다는 뜻이다. 퍼플 카우가 작동하고 있다는 것이다. 여기에 역설이 있다. 당신 제품을 크게 히트하게 만든 그 입소문이 어떤 사람들에겐, 당신을 보고 킬킬대고 웃게 만들 수도 있다.

대부분의 회사들은 남을 불쾌하게 하거나 우스꽝스럽게 보이는 걸 너무 두려워하기 때문에 이런 결과를 가져올 수 있는 길을 피해 멀찍이 돌아간다. 이들은 흥미진진하길 원치 않기 때문에 따분한 제품을 만든다. 거기다 무슨 위원회 같은 것까지 개입하게 되면, 사려 깊은 관계자들은 뾰족한 부분을 갈

아 없애버린다. 자기네 고객들이 싫어할지도 모른다고 하면서
말이다. 그 결과는 지루하고 안전한 것의 탄생이다.

당신이 '새터데이 나이트 라이브' 다음 편에 등장하거나 업계 전문지의 패러디란
에 나오게 하려면, 당신의 제품과 서비스를 어떻게 수정해야 할까?

J. 피터맨

〈뉴요커〉에 실린 아주 작은 광고 하나가 먼지막이 코트와 J. 피터맨 카탈로그 특유의 목소리를 세상에 알렸다. 이 광고는 정말로 리마커블했기 때문에 널리 퍼져나갔고, 이렇게 퍼져나감에 따라, 시트콤 '사인펠드'에 J. 피터맨 패러디가 나오기까지 이르렀다.

72개의 펄 잼 앨범

음반 업계는 별것도 아닌 작품을 가지고, 냉소적인 이방인들의 관심을 끌기 위해 노력하고 있다. Top 40에 진입하려고 기를 쓰면서. 모든 음반의 97%가 손해를 보는 이유는 이 모델이 근본적으로 붕괴됐기 때문이다.

물론 1962년에는 이런 모델이 훌륭한 전략이었다. 사람들은 멋진 새 음악에 굶주렸다. 판매상들은 더 많은 음반을 들여놓고 싶어 했고, 방송국들은 더 많은 음악을 원했으며, 소비자들은 더 많은 음반을 수집하고 싶어 했다. 방송에 대한 리베이트나 판매 인센티브를 지급하는 형태의 광고는 꽤 효과적이었다. 하지만 이젠 아니다.

오늘날 음반 산업에서 대중적 인기를 누리는 거의 모든 작품들은 보이지 않는 행운(과 약간의 재능)의 결과다. 밴드가 소수의 스니저 집단의 관심을 사로잡고, 그 스니저 집단이 자기 친구들에게 얘기하면, 어느 날 갑자기 히트하는 것이다. 하지만 음반 산업은 이런 사실을 받아들이지 않고, 옛날 방법으로 히트곡들을 생산하기 위해 애쓴다.

펄 잼Pearl Jam은 예외였다. 이들은 그런 생리를 잘 아는 것 같았다. 펄 잼은 난관을 헤치고 나갔다. 열심히 노력했고, 몇 개의 히트곡을 선보였으며, 간판스타로 부상했다. 그러고 나서 펄 잼은 이런 방식으로 계속 반복해서 성공할 수 있다고 고집을 부리는 대신, 핵심적인 소비자들을 모아 매우 특이한 시스템을 구축했다.

그들은 2001년부터 2002년까지 자신들의 웹 사이트에 72개의 라이브 앨범을 내놓았다. 이들은 낯선 사람을 귀찮게 하려기보단, 자신의 팬들에게 앨범을 팔았다. 펄 잼은 일단 자기들이 누군가에게 얘기할 수 있다는 허락을 받기만 하면, 물건을 파는 일이 한결 쉬워진다는 사실을 잘 알고 있었다. 이들은 이런 소비자층에게 앨범을 판매하는 비용이 상대적으로 극히 적다는 사실을 알았고, 72개 앨범 모두에서 이익을 보았다.

　　이 놀라운 성과는, 펄 잼의 핵심 팬들이 이 풍부하고도 멋진 제품을 보고 기뻐한 나머지 자기 친구들에게 시간을 들여 펄 잼을 홍보하면서 나타난 결과이다. 이리하여 펄 잼의 세계는 커졌다. 열광적인 팬들은 새로운 팬을 데려오고, 옛 팬들은 펄 잼이 만족스러우니 떨어지지 않는다. 이 밴드는 리마커블한 제품을 가지고 계속해서 기존의 고객층을 만족시키기 때문에 거기서 빠져나가는 사람들이 거의 없다.

당신 회사가 하는 일을 사랑하는 고객층 20%의 이메일 주소를 갖고 있는가? 만약 아니라면, 빨리 모아라. 이미 가지고 있다면, 굉장히 특별한 이 고객들을 위해서 당신은 무엇을 할 수 있는가? www.sethgodin.com에 가서 저자의 메일링 리스트에 가입하라. 그러면 무슨 일이 생기는지 알 수 있을 것이다.

사례 연구: 큐래드

큐래드Curad가 일회용 반창고 시장에 진출하여 밴드에이드 Band-Aid에 도전한다고 했을 때, 대부분의 사람들은 큐래드가 미쳤다고 생각했다. 밴드에이드는 이미 모든 가정의 필수품이었고, 거의 대명사나 다름없을 정도의 명성을 누리고 있었다. 그리고 제품도 아주 뛰어났다. 큐래드가 무엇을 바랄 수 있었을까?

큐래드는 퍼플 카우를 개발했다. 캐릭터가 인쇄된 반창고를 만들어낸 것이다. 작은 반창고의 주 고객인 아이들이 캐릭터가 들어간 반창고에 푹 빠졌다. 아이들의 가벼운 상처가 더 빨리 낫길 바라는 부모들도 마찬가지였다. 큐래드는 불티나게 팔릴 일만 남은 것이었다.

캐릭터 반창고를 붙인 아이가 학교에 처음 나타났을 때, 다른 모든 아이들이 자기도 붙이고 싶다고 한 건 당연한 일이다. 큐래드가 선두 기업으로부터 시장의 상당 부분을 빼앗아 오는 데는 그다지 오랜 시간이 걸리지 않았다.

당신의 제품을 사람들의 수집품이 되도록 만들 수 있는가?

큐래드

큐래드는 퍼플 카우를 개발했다. 캐릭터가 인쇄된 반창고를 만들어낸 것이다. 작은 반창고의 주 고객인 아이들이 캐릭터가 들어간 반창고에 푹 빠졌다. 아이들의 가벼운 상처가 더 빨리 낫길 바라는 부모들도 마찬가지였다.

캐릭터 반창고를 붙인 아이가 학교에 처음 나타났을 때, 다른 모든 아이들이 자기도 붙이고 싶다고 한 건 당연한 일이다. 큐래드가 선두 기업으로부터 시장의 상당 부분을 빼앗아오는 데는 그다지 오랜 시간이 걸리지 않았다. 당신의 제품을 사람들의 수집품이 되도록 만들 수 있는가?

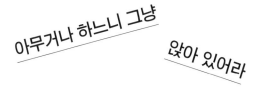

아무거나 하느니 그냥 앉아 있어라

마케팅 부서는 종종 자신의 존재 이유를 증명해야 한다. 지난해의 슬로건이 오래된 것처럼 느껴지면, 마케팅 부서는 100만 달러를 들여서라도 새로운 슬로건을 만들고 홍보할 것이다. 매출이 떨어지면, 마케터는 컨설턴트를 고용해서 매장을 산뜻하게 바꿀 것이다.

이런 마케팅적인 노력들은 타협의 결과인 경우가 너무 많다. 예산상의 타협이거나("새로운 제품을 출시할 돈이 충분치 않으니까 새로운 슬로건이나 내걸자.") 아니면 제품상의 타협이다("그렇게 했다가는 기존 고객층에 타격을 줄 것 같으니까 좀 덜 실험적인 설로 하자."). 거의 예외 없이 이런 타협은 아무것도 하지 않는 것만 못한 결과를 가져온다.

아무것도 하지 않으면, 최소한 형편없는 쓰레기를 고객들에게 마구 처넣어 기존의 소비자 망을 파괴하지는 않는다. 당신이 아무것도 하지 않으면, 스니저들은 당신을 애당초 유명하게 만들었던 최초의 멋진 물건을 여전히 퍼뜨릴 수 있다. 지극히 평범한 메시지와 제품으로 당신의 상품 목록을 끊임없이 '새롭게' 한다면, 얼마 남지 않은 당신의 팬마저 입소문을 퍼뜨리기 점점 힘들어진다.

벤앤제리스Ben & Jerry's는 지난 수년간 이런 유혹을 뿌리쳤다. 진짜 괜찮은 맛이나 획기적인 판촉 아이디어가 없으면, 이들은 아무것도 하지 않았다. 1년에 1번씩 전국 벤앤제리스 매장에서 아이스크림을 공짜로 주는 행사는 계속했지만, 어떤 동네 매장에서만 일주일 동안 5%를 할인해주는 일 따위는 하지 않았다.

고성능 스테레오 장비 분야의 선두 업체인 맥킨토시McIntosh도 똑같이 행동했다. 맥킨토시는 1년에 몇 개씩 증폭기를 내놓는 대신, 10년에 몇 개씩만 내놓았다. 이런 전술이 엔지니어링 부서의 젊은 직원들에겐 만족스럽지 않았겠지만(재미있는 프로젝트가 별로 없으니까), 전설적인 브랜드가 구축되고 맥킨토시 제품이 확산 곡선을 따라 퍼지는 데 도움이 되었다.

아무것도 하지 않는 게 무언가 하는 것만큼 좋은 건 아니다. 그러나 그저 바쁘게 보이기 위한 마케팅은 아무것도 하지 않는 것만 못하다.

한 시즌이나 두 시즌쯤 새로운 제품 선전하기를 쉬고 대신 과거의 멋진 대표 제품을 다시 내놓는다면 어떻게 될까? 휴식에서 복귀한 다음 찾아오는 첫 번째 시즌에 당신은 푹 쉰 어떤 종류의 놀랄 만한 일을 할 수 있는가?

사례 연구: 미국우정공사

미국우정공사United States Postal Service처럼 소심한 고객을 상대하는 조직은 별로 없을 것이다. 보수적인 고객들이 대부분이기 때문에, 미국우정공사가 혁신을 이루기란 매우 힘들다. 대형 다이렉트 마케터가 성공한 원인은 그들이 현재의 시스템 아래에서 성공하는 법을 알아냈기 때문이고, 따라서 그 시스템이 변하는 걸 별로 달가워하지 않는다. 개인 역시 그들의 우편 습관을 쉽사리 바꾸려 하지 않는다.

미국우정공사에서 내놓은 대부분의 새로운 정책들은 외면당하거나 심지어 경멸의 대상이 되기도 했다. 그러나 우편번호+4(ZIP+4, 미국의 우편번호는 원래 5자리 숫자로 구성되어 있었으나, 여기에 4자리 숫자를 추가하는 ZIP+4 시스템이 1983년에 처음 도입됐다. 추가된 4자리 숫자는 해당 우편번호 지역 내에서 좀 더 세부적인 지역을 식별하는 코드 역할을 한다 - 역자 주)는 큰 성공이었다. 몇 년 지나지 않아 미국우정공사는 이 아이디어를 보급했고, 그 결과 수천 개 데이터베이스 안에 있는 수십억 개의 주소 목록을 바꿨다. 어떻게 이런 일이 가능했을까?

첫째로 우편번호+4는 게임을 근본적으로 바꾸는 혁신이었다. 우편번호+4 덕분에 마케터들은 목표 지역 공략이 훨씬 더 쉬워졌고, 우편물을 한층 빠르고 편하게 전할 수 있었다. 우편번호+4는 고객과 미국우정공사의 대량 광고 우편물 취급 방법을 완전히 바꾼 퍼플 카우였다.

우편번호+4 덕분에 배달 속도는 극도로 빨라졌다. 대량 광고 우편물 발송 비용은 현저하게 줄었다. 이런 이점들은 우편물 발송 회사들이 관심을 두고 시간을 투자할 만했다. 이 혁신을 무시해서 발생하는 비용은 회사의 손익에 즉시 영향을 미쳤다.

둘째로 미국우정공사는 몇몇 얼리 어댑터를 현명하게 골라냈다. 이들은 조직 내에서 기술적으로 정통하고 가격과 속도 문제에 아주 민감한 사람들이었다. 또한 이들은 우편번호+4의 이점을 다른 회사들에 퍼뜨릴 수 있는 사람들이었다.

교훈은 간단하다. 당신의 시장이 더 보수적이고 더 붐빌수록, 고객들이 바쁘면 바쁠수록, 당신은 퍼플 카우가 더욱더 필요하다. 어중간한 대책은 실패한다. 목표 고객들이 관심을 가질 만큼 제품을 획기적으로 탈바꿈시켜라. 그렇게 하면 크나큰 보상이 있을 것이다.

오타쿠를 찾아서

일본인들은 정말 유용한 단어 몇 개를 발명했다. 그중 하나가 오타쿠otaku이다. 오타쿠는 취미보다는 좀 더하고 집착보다는 좀 덜한 그 무엇을 가리킨다. 오타쿠는 평점이 좋은 새로운 라면 가게를 찾아 먼 길을 운전하는 욕구다. 오타쿠란 라이오넬 Lionel(모형 기관차 제조 회사 – 역자 주)의 새 디지털 기관차에 관해서 모든 것을 알아내려 하는, 동호인들에게 그에 대해 얘기하려고 하는 그런 욕구를 말한다.

사람들이 〈패스트컴퍼니〉를 읽는 이유는 그들이 비즈니스 오타쿠이기 때문이다. 사람들은 최첨단에 있기 위해(그저 자기네 회사의 생존을 돕기 위해서가 아니라, 스스로 그 첨단을 좋아하기 때문에) 전시회를 찾는다. 오타쿠는 퍼플 카우 현상의 한가운데 있다.

우리가 앞서 보았듯이, 당신의 회사는 단지 기본적 필요만 충족시켜서는 성공할 수 없다. 어떻게 해서든 열성적인 얼리 어댑터와 결합해서 이 얼리 어댑터들이 무어의 곡선을 따라 입소문을 내도록 해야 한다. 그리고 바로 그곳이 오타쿠가 등장하는 곳이다.

오타쿠들이 바로 당신이 찾는 스니저이다. 이들은 당신의 제품을 알기 위해 시간을 투자하고, 당신 제품을 써보기 위해 위험을 무릅쓰며, 친구까지 그 제품에 대해 알게 하려고 시간을 투자하게 할 그런 사람들이다. 어떤 시장에는 다른 시장보다 오타쿠가 더 많이 있다. 리마커블 마케터의 임무는 이런 시장을 식별하고, 별로 그렇지 못한 시장은 포기한다는 각오로 이 시장에 집중하는 것이다.

미국에는 핫 소스 오타쿠가 있다. 좀 더 매운 것, 상상할 수 있는 최대한의 뜨거운 것을 찾아 나선다. 한마디로 매운 거라면 미친 인간들이 이런 광적인 소스를 제조하는 일을 실제 사업으로 만들었다. 예를 들어볼까? 데이브의 광기Dave's Insanity, 블레어의 죽음 뒤의 핫 소스Blair's After Death Hot Sauce, 미친 개 357Mad Dog 357, 고통 100%Pain 100%, 미친 개 불Mad Dog

Inferno, 멧돼지의 숨결Boar's Breath, 스위트 마마 잼마의 모조 주스Sweet Mama Jamma's Mojo Juice, 멜린다의 XXXXMelinda's XXXX, 미친 고양이Mad Cat, 끓는 호수를 찾아서Lost in Boiling Lake, 사탄의 복수Satan's Revenge, 트레일러 트래시Trailer Trash. 이 수십 명의 창업자는 광고 없이 핫 소스 사업을 성공시켰는데, 겨자 판매에는 아무런 영향을 끼치지 않았다.

물론 겨자를 즐기는 사람이 머리에 불이 나게 하는 2만 5,000스코빌 단위의 핫 소스를 즐기는 사람보다 많다. 하지만 핫 소스는 사업이 되고 겨자는 안 된다. 왜 그럴까? 겨자를 굳이 택배로 주문하는 사람이나 음식점에서 다른 브랜드의 겨자를 달라고 하는 사람은 거의 없기 때문이다. 거기에는 오타쿠가 없다. 영리한 사업가는 오타쿠가 이미 있는 시장을 목표로 삼는다.

공상 과학 전시회에 가보라. 여기에 오는 사람들은 꽤나 이상한 족속들이다. 이들만큼 괴팍스럽고 멋진 소비자에게 호감을 살 수 있는가? 그런 소비자층을 어떻게 창조할 것인가? 지프는 성공했다. 〈패스트컴퍼니〉와 바구니 회사 롱거버거(Longaberger)도 그랬다. 투자 업계나, 컴퓨터 OS 시장, 수백만 달러짜리 스테레오 시스템 시장에도 비슷한 집단이 있다. 제품은 다르지만, 스니저와 얼리 어댑터들의 활동 방식은 같다.

사례 연구:
더치 보이는 어떻게 페인트
업계를 뒤흔들었는가

이건 너무 간단해서 무서울 정도다. 그들은 깡통을 바꿨다. 페인트 통은 무겁고, 들기 힘들고, 닫기 힘들고, 열기 힘들고, 페인트를 붓기 힘들고, 하나도 재미없다. 하지만 페인트 통은 오랫동안 그런 식으로 계속 있었고, 따라서 대부분은 거기엔 무슨 이유가 있을 거라 생각했다.

　더치 보이Dutch Boy는 거기에 아무런 이유가 없다는 사실을 깨달았다. 또한 더치 보이는 통이 페인트 제품의 절대적인 구성요소라는 사실도 깨달았다. 사람들은 페인트를 사는 게 아니라, 페인트로 칠해질 벽을 사는 것이고, 통은 페인트칠하는 과정을 훨씬 쉽게 만든다.

　더치 보이는 이런 통찰력을 이용해 운반하기 쉽고, 페인트를 붓기 쉽고, 닫기 쉬운 페인트 용기를 시장에 내놓았다. 생각해보면 그렇게 놀랄 일도 아니지만, 매출은 급상승했다. 이 새로운 포장은 판매를 증가시켰을 뿐 아니라, 더치 보이가 더 높은 소매가에 더 많은 유통망을 확보할 수 있게 해주었다. 이것이야말로 마케팅이 제대로 된 것이다. 광고가 아니라 제품을 변화시키는 그런 마케팅 말이다.

어디까지가 당신의 제품이고 어디서부터가 마케팅의 허풍인가? 더치 보이의 페인트 용기는 분명 허풍이 아니라 제품이다. 이와 비슷한 방법으로 당신이 파는 게 무엇인지 다시 한번 생각해보라.

더치 보이

이건 너무 간단해서 무서울 정도다. 그들은 깡통을 바꿨다. 페인트 통은 무겁고, 들기 힘들고, 닫기 힘들고, 열기 힘들고, 페인트를 붓기 힘들고, 하나도 재미없다. 하지만 페인트 통은 오랫동안 그런 식으로 계속 있었고, 따라서 대부분은 거기엔 무슨 이유가 있을 거라 생각했다.

더치 보이는 거기에 아무런 이유가 없다는 사실을 깨달았다. 용기에 가해진 몇 개의 뻔한 변화가 더치 보이 매출을 엄청나게 끌어올렸다. 그럼 뻔한 질문을 하나 드리겠다. 왜 그런 변화가 그렇게 오래 걸렸을까?

사례 연구: 크리스피 크림

세상에는 2가지 종류의 사람이 있다. 크리스피 크림Krispy Kreme 도넛의 전설을 들어봤고 누구나 그걸 안다고 생각하는 사람과, 이 도넛의 왕국이 아직 그 모습을 드러내지 않은 동네에 사는 사람.

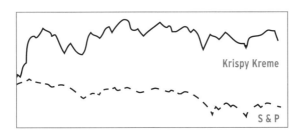

주식 상장 첫날부터 크리스피 크림은 모든 예상을 완전히 깨고 거의 모든 주식을 철저하게 능가하고 있다. 왜 그럴까? 크리스피 크림은 퍼플 카우를 다루는 법을 이해하고 있기 때문이다.

크리스피 크림은 맛있는 도넛을 만든다. 거기엔 의심의 여지가 없다. 그러나 그 도넛이 1시간이나 차를 몰고 갈 만한 가치가 있는 것일까? 분명 도넛 오타쿠들은 그렇게 믿는 것 같다. 그리고 이 놀랄 만한 사실이 크리스피 크림 성공의 핵심에 놓여 있다.

크리스피 크림이 어떤 동네에 새 매장을 열면, 먼저 수천 개의 도넛을 공짜로 나눠준다. 물론 따끈따끈한 공짜 도넛을 받기 위해 나타날 가능성이 가장 큰 사람들은 크리스피 크림의 전설에 대해서 들어봤고, 마침내 크리스피 크림 매장이 자기 동네에 왔다는 사실을 기뻐하는 사람들이다.

이 스니저들은 빠르게 자기 친구들에게 얘기하고, 자기 친구들에게 권하고, 심지어 자기 친구들을 매장으로 끌고 오기까지 한다. 그리고 이때가 두 번째 단계가 작동하는 시기이다. 크리스피 크림은 도넛에 관한 대화를 독점하는 일에 목숨을 건다. 일단 크리스피 크림이 어떤 지역에 거점이 되는 매장을 열고 나면 주유소, 커피숍, 식품점과 거래를 트기 위해 분주하다. 목표는 도넛이 사람들 발에 채이기 쉽게 하는 것이다. 크리스피 크림은 도넛 하나 때문에 20마일을 운전하는 사람들로부터 시작해서, 너무 게을러서 길 하나 건너기도 싫어하는 사람들로 끝을 장식한다.

만약 제품이 계속 리마커블한 상태를 유지한다면, 그 게을러터진 사람 중 일부도 도넛 오타쿠에 귀의할 것이다. 그들이 크리스피 크림의 오타쿠의 다음 물결을 형성할 것이고, 또 다른 동네에 이 체인이 도착할 때까지 입소문을 퍼뜨릴 것이다.

이런 전략이 베이글이나 브라우니에는 통하지 않을 것이라는 사실은 주목할 필요가 있다. 도넛 오타쿠들이 크리스피 크림에 대해서 느끼는 집착에는 무언가 매우 본능적인 게 있으며, 이 느낌을 발견하고 활용한 것이 크리스피 크림 현상의 핵심이다. 바꿔 말하면, 먼저 시장의 틈새를 찾고, 그다음에 리마커블한 제품을 만들어라. 그 반대가 아니다.

크리스피 크림

크리스피 크림은 맛있는 도넛을 만든다. 거기엔 의심의 여지가 없다. 그러나 그 도넛이 1시간이나 차를 몰고 갈 만한 가치가 있는 것일까? 분명 도넛 오타쿠들은 그렇게 믿는 것 같다. 그리고 이 놀랄 만한 사실이 크리스피 크림 성공의 핵심에 놓여있다.

이런 전략이 베이글이나 브라우니에는 통하지 않을 것이라는 사실에 주목하라. 도넛 오타쿠들이 크리스피 크림에 대해서 느끼는 집착에는 무언가 매우 본능적인 게 있으며, 이 느낌을 발견하고 활용한 것이 크리스피 크림 현상의 핵심이다. 바꿔 말하면, 먼저 시장의 틈새를 찾고, 그다음에 리마커블한 제품을 만들어라. 그 반대가 아니다.

과정과 계획

그렇다면 매번 퍼플 카우를 창조할 수 있는 (바보라도 할 수 있는) 방법이 있을까? 현실에 굳건히 기초를 두고 있으면서도 동시에 창의력을 증가시키기 위해 사용할 수 있는 비밀 공식 같은 것이 있을까?

물론 그런 건 없다. 대부분의 퍼플 카우 회사가 언젠가는 내리막길을 걷는다는 사실을 보면, 항상 퍼플 카우를 만들어 낼 방법을 모은 참고서 같은 건 없음을 알 수 있다. 이것이 바로 퍼플 카우에 대한 통찰력을 갖기가 그렇게 어려운 이유다. 백미러를 보면서 "물론 그건 통했지."라고 말하는 건 쉽다. 진정한 퍼플 카우의 정의는 딱 들어맞는 방식으로 리마커블한 어떤 것이다. 하지만 우리가 백미러에서 시선을 돌리면, 퍼플 카우 만들기가 갑자기 훨씬 더 어려워 보인다.

만약 당신이 이 책이 어떤 계획을 제시해주길 기대했다면, 미안하지만 나에겐 그런 게 없다. 그렇지만 나는 그 과정은 얘기해줄 수 있다. 전술이 들어 있진 않아도 그 어떤 전술보다 나은 시스템 말이다.

상당히 간단하다. 첨단을 노려라. 자신과 자신의 팀에게 요구해서 그 첨단이 무엇인지 파악하도록 하고(실제로 거기까지 가지는 말고), 그중 어느 첨단이 당신에게 마케팅 및 재무적 성과를 가져다줄 가능성이 가장 큰지 실험해라.

모든 다른 P 요소들을 살펴보면, 자기 분야의 첨단이 어디인지, 내 경쟁업체는 어디인지 가늠해볼 수 있다. 이러한 전체 구도를 이해하지 않고는 다음 단계로 넘어갈 수 없으며 당신이 어떤 혁신을 감당할 수 있을지 알 수도 없다.

헬스장이 모든 서비스를 공짜로 제공한다면 리마커블하지 않을까? 그러나 그걸 감당할 수 있는 수익 모델이 없으면, 얼마나 오랫동안 지속할 수 있을지 불분명하다. 제트블루는 서비스와 가격 모두에서 최첨단에 도달하는 방법을 알아냈다. 이윤도 남기면서 말이다. 아치 맥피Archie McPhee는 기발한 제품들을 엄선하여 소매 유통 분야에서 첨단에 도달했다. 스타벅스는 (제트블루가 혁신을 일궈낸 것과는 아주 다른 방식으로) 사람들에게 커피 1잔의 의미를 새롭게 정의할 수 있도록 했다.

퍼플 카우 제품에서 공통으로 발견되는 건 전술이나 방법이 아니다. 중요한 건 제품을 리마커블하게 만들어주는 극단을 발견하기 위해 조직들이 사용하는 과정이다.

슬로건의 힘

과거에 슬로건이 중요했던 건 단 몇 초 만에 광고의 메시지를 전달했기 때문이다. 오늘날에도 이와 같은 간결함은 중요하지만, 그 이유는 다르다. 퍼플 카우의 핵심을 정확하게 전달하는 슬로건은 스니저들의 대본이라고 할 수 있다. 자기 친구들에게 얘기할 때 사용하는 대본 말이다.

슬로건은 그 슬로건 사용자에게 다음 사실을 일깨워준다. "우리를 추천할 만한 가치가 있는 이유가 여기 있습니다. 친구와 동료들에게 우리에 대해서 얘기하면 그들이 당신에게 감사해하는 이유가 여기 있습니다." 그리고 무엇보다도 슬로건은 입소문이 제대로 전파되어, 잠재 고객이 당신에게 타당한 이유로 찾아올 것임을 보장한다.

티파니Tiffany의 파란 상자는 말이 필요 없는 슬로건이다. 그 상자는 우아함과 품질, 그리고 '가격은 문제가 아니다'라는 걸 의미한다. 티파니 상자에 담긴 선물을 받을 때마다 여자들은 입소문을 퍼뜨린다. 후터스Hooters라는 이름과 로고, 또 애플의 디자인이 지닌 파격적인 첨단성에서 볼 수 있듯이, 이런 회사들은 일관성 있는 방식으로 자리매김하고 다른 이들에게 입소문을 퍼뜨리기 쉽게 만들었다.

매년 수백만 명의 방문객들이 피사의 사탑을 보러간다. 이 탑은 광고된 그대로다. 기울어진 탑이다. 메시지를 복잡하게 만드는 건 아무것도 없다. '또는'이나 '그리고' 같은 게 없다. 그건 그저 잔디 한복판에 서 있는 기울어진 탑이다. 메시지의 단순함은 피사의 사탑을 더욱 리마커블하게 만든다. 누군가에게 피사의 사탑에 관해 얘기하긴 쉽다. 하지만 로마의 판테온에 관해 얘기하긴 훨씬 어렵다. 그래서 비록 판테온이 아름답고, 숨이 막힐 듯하고, 또 중요하기도 하지만, 찾아가기 어려운 피사의 사탑을 방문하는 사람 중 1%만이 판테온을 보러 간다.

이런 예들에서 공통으로 발견되는 사실은 마케팅은 제품에 가하는 것이 아니라는 점이다. 마케팅이 곧 제품이고, 제품이 곧 마케팅이다. 어떤 영리한 마케터가 후터스나 피사의 사탑을 변모시킨 게 아니다. 마케팅은 이미 그 안에 들어있다.

당신은 리마커블한, 또 실제로 사실인 자랑거리나 포지셔닝 진술서나 슬로건을 갖고 있는가? 그건 일관성이 있는가? 그건 전달할 만한 가치가 있는가?

후터스

후터스는 짧은 반바지와 민소매 티셔츠를 입은 여성이 음식을 나르는 미국의 레스토랑 체인점이다. 후터스는 영어로 '올빼미'라는 의미인데, 속어로 '여성의 가슴'을 뜻한다. 후터스라는 이름과 이들의 로고에서 볼 수 있듯, 다른 이들에게 입소문을 퍼뜨리기 쉽게 만들었다.

후터스가 효과 있는 이유는 사람들을 불쾌하게 만들지 않으면서 딱 적당할 정도로만 충격적이기 때문이다. 모든 사람이 후터스를 좋아할까? 천만의 말씀이다. 바로 이게 후터스를 리마커블하게 만드는 점이다. 만약 모든 사람이 좋아한다면 지루해질 게 뻔하다.

사례 연구: 브롱스빌의 하겐다즈

하겐다즈Häagen-Dazs는 다른 아이스크림 가게와 똑같다. 아이스크림 가게라면 콘, 바, 냉동 요구르트가 있다. 하겐다즈 매장의 다른 점이라면 단지 2가지다. 더 깨끗하다는 것과 운영이 잘된다는 것이다. 왜 그럴까?

뉴욕주 브롱스빌에 있는 하겐다즈 매장 계산대에는 커다란 명함이 쌓여 있다. 그 명함에는 그 매장 주인의 이름과 매장 전화번호가 적혀 있다. 그 밑에는 "우리 매장에 대해 할 말이 있다면, 우리 집으로 전화를 주세요."라고 적혀 있다. 그리고 거기에는 주인의 집 전화번호가 적혀 있다.

이건 정말 리마커블하다. 매장 안에 20분 동안만 서 있어보라. 당신은 손님이 또 다른 손님에게 그 명함에 관해 얘기하는 걸 확실히 들을 수 있다. 만약 모든 매장 주인들이 이렇게 한다면, 그땐 별로 효과가 없을 것이다. 그러나 아직은 이것이 특별한 일이기 때문에, 손님들은 주목하고 직원들은 정신을 차리고 있다.

만약 당신이 무형의 사업을 하고 있다면, 당신의 명함은 당신이 파는 것의 중요한 일부이다. 당신 회사의 모든 이가 두 번째 명함을 갖고 다녀야 한다면 어떻게 될까? 실질적으로 그들(과 당신)을 파는, 무언가 리마커블한 명함 말이다. 밀턴 글레이저(Milton Glaser)나 칩 키드(Chip Kidd)가 디자인한, 전달할 만한 가치가 있는 명함을 상상해보라. 자, 빨리 가서 그렇게 하라!

하겐다즈

브롱스빌에 있는 하겐다즈 매장 계산대에는 커다란 명함이 쌓여 있다. 그 명함에는 그 매장 주인의 이름과 매장 전화번호가 적혀 있다. 그 밑에는 "우리 매장에 대해 할 말이 있다면, 우리 집으로 전화를 주세요."라고 적혀있다. 그리고 거기에는 주인의 집 전화번호가 적혀 있다. 이건 정말 리마커블하다. 매장 안에 20분 동안만 서 있어 보라. 당신은 손님이 또 다른 손님에게 그 명함에 관해 얘기하는 걸 확실히 들을 수 있다. 당신이 사업을 하고 있다면, 명함은 당신이 파는 것의 일부다!

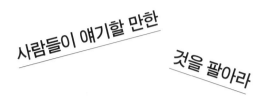

사람들이 얘기할 만한 것을 팔아라

몇 년 전 영업차 고객을 방문했다가 결과가 별로 안 좋았을 때, 나는 뼈에 사무치는 교훈을 깨달았다. 사람들이 이미 사고 싶어 하는 걸 파는 일이 훨씬 쉽다는 사실. 이 사실은 아주 뻔한 것처럼 보이지만, 대부분의 마케터는 이걸 이해하지 못하고 있다.

버터볼Butterball은 칠면조의 새로운 용도를 만들어내서 즉석구이 파이를 출시했고, 지금은 식료품점의 냉동칸에서 살수 있다. 문제는 이런 복고풍 음식의 소비자층이 이렇게 새로운 방식의 가정 요리 제품을 사려고 하지 않는다는 사실이다. 설상가상으로 버터볼은 푸드 채널의 TV 광고로 이 제품을 소개했다.

나는 버터볼이 목표로 삼은 소비자가 누구일지 심각하게 생각해봤다. 푸드 채널 시청자들은 요리 프로그램을 보느라고 난리인데, 잘 포장된 즉석 냉동식품을 선전하는 따분한 소프트포커스soft-focus 광고를 하고 있다. 시청자들이 그 광고를 얼마나 보겠는가? 광고를 본 사람 중에 몇 명이나 반응을 보이겠는가? 도대체 몇 명이나 새로 나온 이 생소한 음식에 대해서 주변에 얘기하겠는가?

즉석 냉동식품을 데워 저녁으로 먹는 사람들 가운데, 위험을 감수하는 얼리 어댑터는 거의 없다. 그리고 만약 그런 얼리 어댑터가 있다 하더라도, "뭐 새로운 것 없나?"에 대한 답을 찾기 위해 푸드 채널에 의지하는 사람은 없다.

필요를 지닌 소비자야말로 당신의 해결책에 반응할 가능성이 가장 크다. 잠재 고객이 포드Ford의 공업용 베어링 구매 담당자이든 애리조나주 투손Tucson에 사는 과로로 지친 사람이든, 당신은 사는 이가 누구인지 알아낸 다음, 그들의 문제를 해결해야 한다. 버터볼의 제품은 리마커블하지 않다. 그 제품은 버터볼의 문제를 제외하고는 그 누구의 문제도 해결하지 못한다. 버터볼의 광고 및 매체 선택은 사태를 더욱 악화시켰다.

대안은 고객들을 위해 당신이 해결할 수 있는 문제에서부터 시작하는 것이다. 그리고 나서 너무나 리마커블한 해결책을 제안해서 전체 소비자 중 얼리 어댑터들이 기쁘게 반응을 보이면, 입소문을 퍼뜨릴 가능성이 가장 큰 사람들이 실제로 관심을 보일 매체를 통해 당신의 제품을 판촉해야 한다. 알토이즈Altoids의 캠페인은 훌륭한 예다. 알토이즈는 담배를 피우지 않는 젊은 성인들이 일하는 도중에 손가락과 입으로 할 수 있는 무언가를 찾고 있다는 사실을 알게 됐다. 허쉬Hershey의 초코바는 이 욕구를 채울 수 없었다.

알토이즈는 도심 한복판에서 최첨단의 이미지와 슬로건으로 광고함으로써, 소비자들이 미처 깨닫지도 못한 필요에 대해 젊은 성인층 시장을 대상으로 직접 얘기했다. 나누어 먹지 않고는 못 배길 그런 패키징을 만들어 알토이즈는 얼리 어댑터들이 시장의 나머지 소비자들에게 이 제품을 쉽게 퍼뜨릴 수 있도록 만들었다. 그 결과 이 사탕은 이제까지 나온 가장 수익성이 높은 사탕 가운데 하나가 됐다.

타협의 문제점

옛말에 틀린 거 하나 없다. "낙타는 위원회에서 디자인한 말이
다A camel is a horse designed by a committee." 마케팅의 목표가 퍼
플 카우 만들기이고, 퍼플 카우의 본성이 어떤 면에서 극단적
인 것이라고 하면, 타협이 성공의 가능성을 감소시킬 뿐이라
는 건 필연적이다.

타협이란 많은 구매자가 사게끔 날카로운 끝을 무디게 만
드는 것이다. 바닐라는 아이스크림 맛의 타협안이지만, 하바
네로 피칸habanero pecan은 그렇지 않다.

바닐라 아이스크림을 먹지 않으려는 사람은 몇 안 될지 모
르지만, 견과류에 알레르기가 있거나, 자극적인 음식에 민감
하거나, 그냥 생소한 아이스크림 한 주걱을 먹는 데 전혀 관심
이 없는 사람들은 많다. 아이들 생일잔치를 위해 안전하게 선

택할 수 있는 타협안은 바닐라이다. 그러나 바닐라는 지루하다. 바닐라를 중심으로 빠르게 성장하는 회사를 세우기란 불가능하다.

거의 모든 시장에서 지루한 곳은 이미 채워져 있다. 가장 큰 소비자층에게 호감을 사도록 설계된 제품은 이미 존재하며, 그것을 대체하기란 어렵다. 이게 어려운 이유는 시장의 선두 제품이 지닌, 불쾌감을 주지 않는 특성이야말로 그 제품의 가장 큰 자산이기 때문이다.

어떻게 당신이 당신 자신을 선도 브랜드보다 더 무난하다고 선전할 수 있겠는가? 짜증 나게 하고, 불쾌하게 하고, 호감을 사지 못하고, 너무 비싸고, 너무 싸고, 너무 무겁고, 너무 복잡하고, 너무 단순하고, 어쨌거나 무언가 너무한 그런 제품들에게서 진정한 성장이 일어난다.

자수성가한 창업가들은 종종 기존 산업을 뒤집어놓기도 한다. 이는 어떤 산업의 주요 주자 중에서는 능력 있는 이단자를 결코 발견할 수 없기 때문이다. 시장을 선도하는 회사들은 오래전에 자신들이 시장에 내놓았던 퍼플 카우 덕분에 현재 위치를 차지하고 있을지 모르지만, 오늘날에는 그들 모두 수익성을 유지하기 위해 스스로 타협하고 있다. 그들의 붕괴의 씨앗은 이들이 중간에 머무르는 전략에 의존하는 데서 싹트고 있다.

조직에서 누군가가 새로운 퍼플 카우를 창조하는 책임을 맡았다면, 그들을 가만 좀 내버려 두어라! 새로운 제품이, 현재 가지고 있는 것만큼 좋은지 알아보기 위해 내부 평가나 사용성 평가를 하지 말라. 대신에 적당한 이단자를 고르고 나서 당신은 물러나라.

사례 연구: 모토로라와 노키아

휴대전화는 이제 지루하다. 필요한 사람은 거의 다 갖고 있다. 원하는 사람 역시 대부분 갖고 있다. 이 혁명을 일으킨 회사들은 이제 문제에 직면했다. 다음에는 무엇을 만들 것인가?

사람들이 주목하게 하려면 어떤 기능을 추가해야 할까? 리마커블한 휴대전화를 만드는 일이 이제는 불가능한 걸까? 두 회사가 발견한 사실은 더 작은 휴대전화가 더 이상 흥분을 일으키지 않는다는 것이다.

이들은 무언가 새로운 게 필요했다. 노키아는 베르투Vertu라 불리는 2만 달러짜리 휴대전화를 선보였다. 동시에 두 회사는 아주 싸게 보급할 수 있는 일회용 휴대전화를 개발하기 위해 노력하고 있다.

또 한편으로, 두 회사는 사진을 전송하는 휴대전화를 시장에 내놓기 위해 서로 싸우고 있다. 물론 보내는 사람과 받는 사람 모두 알맞은 종류의 휴대전화가 있어야겠지만, 이런 휴대전화도 재미있을 것 같다.

하지만 슬픈 사실은 일어났던 휴대전화 시장의 열기를 다시 살리기 위해서는 한참을 기다려야 할지도 모른다는 점이다. 퍼플 카우는 그곳을 떠났고, 휴대전화 회사가 할 수 있는 일은 많지 않다.

퍼플 카우의 마법의 순환

세상이 혼란스럽다고 해서 시장에 새로운 아이디어를 가져오려는 우리의 노력마저 혼란스럽다고 장담할 수 있는가? 우리는 고객 명단에 오르는 잠재 소비자들을 위해 닥치는 대로 아무것이나 고안하도록 운명지어졌을까?

나는 그렇게 생각하지 않는다. 각 소비자의 역할이 그렇게 자주 바뀌지 않기 때문이다. 스니저는 퍼뜨리기를 좋아한다. 스니저들은 퍼플 카우를 창조한, 과거에 상당히 믿을 만한 실적이 있었던 마케터라면, 그 이야기에 귀를 열어놓는다. 그러나 두려움에 사로잡혀 한참 뒤로 물러나 있는 소비자들은 언제나 귀를 틀어막고 있다. 조심스러운 소비자들은 스니저들과 마찬가지로 스스로의 습관적인 방식으로부터 헤어나오지 못한다.

그러나 우리가 관심을 가지는 사람은 스니저이고, 우리가 그들을 존중하면 그들도 우리에게 귀를 기울인다는 사실을 효과적으로 이용할 수 있다. 그러면 여기서 4가지 단계를 살펴보자.

1. 당신이 첫 번째로 감동시킨 사람들에게 허락을 받아라. 스팸 메일을 보내거나 재고를 팔거나 추가적인 이윤을 남기기 위한 허락이 아니다. 당신의 또 다른 퍼플 카우가 생겼을 때 알려줘도 괜찮다는 허락이다.

2. 해당 소비자층의 스니저들과 협력하고, 이들이 당신이 캐즘을 뛰어넘는 걸 잘 도와줄 수 있도록 하라. 스니저들이 당신의 아이디어를 광범위한 소비자층에게 전달할 때 필요한 도구를 제공하라.

3. 일단 당신의 사업이 리마커블한 상태에서 수익이 나는 사업의 단계로 넘어서면, 다른 팀에게 퍼플 카우의 젖을 짜도록 하라. 당신의 서비스를 상품화하고, 당신의 상품을 서비스화하고, 수천 개의 변종이 생겨나도록 하라. 그러나 당신 자신의 보도 자료는 믿지 말라. 일용품으로 전락하기 시작하는 것

은 피할 수 없다. 가치 있는 것은 모조리, 그리고 **빨리** 짜내라.

4. 재투자하라. 다시 하라. 맹렬히 하라. 또 다른 퍼플 카우를 내놓아라. 실패하고 또 실패하라. 예전에는 리마커블했던 게 지금은 리마커블하지 않다는 사실을 명심하라.

이 4단계는 30년 전에 퀴스프Quisp, 위티스Wheaties, 위스크, 올스테이트Allstate, 맥스웰 하우스를 마케팅했을 때처럼 예측할 수 있거나 이익이 남지 않을지도 모른다. 미안하다. 하지만 내 잘못은 아니다. 우리에게 남겨진 게 그런 세상인 걸 어쩌겠는가.

갑자기 허락 자산(permission asset)이 필요한 이유가 분명해졌다. 만약 당신 회사에 아직 허락 자산이 없다면, 오늘부터 PC의 아웃룩을 이용해 공짜로 시작하면 된다. 사람들이 당신에게 이메일을 쓸 수 있도록 이메일 주소를 줘라. 답장을 보내라. 당신은 이미 궤도에 진입했다.

오늘날 마케터가 된다는 것의 의미

퍼플 카우가 이제 마케팅의 P 가운데 하나라면, 이는 기업으로서 중대한 의미를 함축한다. 우리는 마케팅의 정의를 바꿔야 한다. 과거에는 연구 부서에서 개발하고, 제조 부서에서 생산하고, 마케팅 부서에서 마케팅하고, 영업 부서에서 판매했다. 노동의 분업이 확실했고, 사장은 전체를 관리했다. 마케터는 예산을 받아서, 그걸로 광고를 샀다. 마케팅은 사실 '광고'라고 더 자주 불렸다. 제품이 다 개발되고 생산된 다음에 그 제품의 가치를 전달하는 일이 마케팅의 역할이었다.

　마케터가 된다는 것의 의미가 제품의 속성에 크게 의존하는 오늘날의 세계에서 이러한 전략은 결코 유효할 수 없다. 마케팅은 제품을 창조하는 행위이며, 제품을 설계하는 노력이며, 제품을 생산하는 재주이며, 제품의 가격을 매기는 기술이며, 제품을 파는 기법이다. 마케터가 아니면 누가 퍼플 카우 회사를 운영하겠는가?

퍼플 카우를 창조한 제트블루, 스타벅스, 하스브로Hasbro (미국의 장난감 제조업체 - 역자 주), 폴란드 스프링Poland Spring(미국의 생수 회사 - 역자 주) 같은 회사들은 마케터가 운영해야 한다. 제트블루의 CEO는 회사를 창업하고 첫 번째 날에 중대한 결정을 하나 내렸다. 바로 '마케팅 부서 책임자가 제품 설계와 교육 업무에도 관여하도록 하는 것'이다. 이런 회사들이 하는 일 중 가치를 창조하는 건 모두 마케팅이다.

폴란드 스프링의 사업은 보잘것없는 물에서 시작된다. 하스브로의 사업은 몇 푼 안 되는 플라스틱과 종이에서 시작된다. 제트블루는 아메리칸 항공American Airlines과 똑같은 상품을 팔지만, 그렇게 하면서도 용케 이익을 낸다. 이 회사들에는 마케터가 핵심에 있다.

1-800-COLLECT를 발명한 천재들은 진정한 마케터이다. 이들은 기존의 서비스를 어떻게 판매할 것인가에 대해 고민하지 않았다. 대신에 이들의 마케팅은 제품 안에 포함되어 있다. 기억하기 쉬운 전화번호에서, MCI(미국의 통신업체 - 역자 주)가

공중전화 사업자로부터 수신자 부담 전화 사업을 빼앗아올 수 있다는 아이디어에 이르기까지 말이다.

이와 같은 아이디어는 동네 음식점이나, 회전 숫돌 회사나, 트래블러스 인슈어런스Travelers Insurance(미국의 주요 보험 회사 가운데 하나 - 역자 주)의 경우에도 똑같이 해당하지 않는가? 우리가 필요로 하는 모든 것이 더할 나위 없이 훌륭한 세상, 이익이란 이익은 거의 모두 퍼플 카우에서 나오는 세상 속에서, 우리는 모두 마케터다. 만약 어떤 회사가 실패하고 있다면, 그건 최고 경영층의 잘못이다. 그리고 문제는 아마 이것일 것이다. 그들은 회사를 운영하고 있지, 제품을 마케팅하고 있지 않다.

마케터가 아니다
이제 우리는 디자이너다

15년 전, 제리 허시버그Jerry Hirschberg가 닛산Nissan의 미국 디자인 스튜디오를 시작할 때, 그는 장기 제품 계획 회의에 참관인 자격으로 초대를 받았다. 마케팅 부서 사람들이 그에게 베푼 호의였다.

회의는 미래의 자동차에 관한 모호한 발표와('모든 저가형 자동차는 가능한 한 무난해야 한다') 광고 비용 및 예상 수익에 관한 표로 가득했다. 또한 회사의 장기 계획을 수립하기 위한 중요한 회의였다. 디자이너는 단순 전술가에 지나지 않았다.

제리는 오래 지나지 않아 자신이 참관인 이상임을 입증했다. 그는 디자이너가 제품 개발 과정에서 중요한 역할을 하는 것뿐만 아니라 사실은 그 과정을 지배해야 한다는 사실을 증명했다.

디자인 이후, 제조 이후에 하는 마케팅이 죽었다면, 무엇이 그걸 대체하는가? 디자인이다. 파슨스Parsons(뉴욕에 있는 유명한 디자인 학교 - 역자 주)에서 가르치는 그런 순수 디자인이 아니라, 제품 마케팅의 성공 요소를 제품 자체에 심는 그런 시장 중심의 디자인 말이다.

이 말들이 좀 거창하게 들릴지 모르지만, 의미는 분명하다. 오늘날 제품의 성공에 실질적인 영향을 미치는 사람이 프로젝트의 근원적인 씨가 뿌려질 때 테이블에 앉아 있어야 한다. 당신이 발명하고, 디자인하고, 영향을 미치고, 적응시키고, 궁극적으로 제품을 폐기하는 법을 모르는 마케터라면, 당신은 더이상 마케터가 아니다.

당신이 속한 산업에서 모든 리마커블한 제품들의 목록을 작성하라. 누가 그것들을 만들었는가? 어떻게 리마커블한 제품이 탄생했는가? 그들의 행동을 본받아라. 그러면 당신은 이미 자신의 것을 절반 이상 만든 것이다.

하워드는 무엇을 알고 있는가?

스타벅스에 관해 1가지는 분명하다. 스타벅스 커피는 실제로 정말 맛있다. 이유는 간단하다. 스타벅스의 CEO 하워드 슐츠 Howard Schultz가 커피를 사랑하기 때문이다. 그는 하루 중 커피를 아직 안 마신 사람들을 '카페인 미 함유자'라고 부른다. 하워드는 마시고 배우면서 이탈리아에서 몇 개월씩이나 보냈다. 그는 커피 오타쿠다.

리마커블은 어디에서 나오는가? 많은 경우 리마커블은 자신을 위해 무언가를 만드는 열정적인 사람들한테서 나온다. 버튼Burton의 스노보드, 뱅가드의 뮤추얼 펀드, 애플의 아이팟 iPod, 그리고 밤버디어Bombardier(캐나다의 비행기 생산업체 - 역자 주)의 리어젯Learjet까지. 이 모든 것들은 오타쿠들한테서 나왔다. 스타벅스의 초콜릿이 그들의 커피만큼 뛰어나지는 않다는 사실은 흥미롭다. 하워드는 커피를 아는 것만큼 초콜릿을 알지 못할 거다. 스타벅스는 초콜릿에 마음을 빼앗기지 않았다. 그들은 그저 갖다 팔 뿐이다. 당신은 마음을 빼앗겼는가, 아니면 그저 생계를 위해 일하고 있는가?

퍼플 카우에 관한 첫 번째 질문은 "이게 리마커블한지 내가 어떻게 아는가?"이다. 이 질문은 거의 언제나 오타쿠가 아닌 사람들에게서 나온다. 샤펜 베르거 초콜릿Scharffen Berger Chocolate의 설립자 존 샤펜베르거John Scharffenberger는 어렵지 않게 보통 초콜릿으로부터 뛰어난 초콜릿을 구별한다. 그는 오타쿠이기기 때문이다.

내가 첫 번째 회사를 운영할 때(책 만드는 회사였다), 나는 항상 면접을 볼 때면 서점에 얼마나 자주 가느냐고 물었다. 책을 구매하지 않는 사람은 분명히 책 오타쿠가 아니다. 따라서 오타쿠들을 위해 책을 만드는 데 어려움을 겪을 것이다.

파타고니아Patagonia에서 일하는 사람은 모두 야외 활동 오타쿠다. 파도가 밀려올 때면 사무실은 텅텅 빈다. 직원들이 모두 파도타기하러 몰려가기 때문이다. 이 때문에 업무 환경이 혼란스러워지긴 하지만, 덕분에 파타고니아 직원들은 리마커블한 아웃도어 용품을 보면 바로 알아차린다.

이를 제너럴 푸드나 제너럴 밀스General Mills, 또는 켈로그 Kellogg's에서 일하는 사람들과 비교해보라. 그 사람 중에도 자사 제품에 마음을 빼앗긴 사람이 몇 명 있을지 모르겠지만, 대부분 사람들은 그저 반복해서 대량으로 생산할 뿐이다. 켈로그의 팝 타츠Pop Tarts 브랜드 관리자가 자사 제품을 저녁으로 먹는 종류의 사람이라면 팝 타츠가 얼마나 좋아질지 상상해보라.

내가 아는 어떤 의사는 나쁜 소식이 아니더라도 환자들에게 반드시 전화를 건다. 정기 검진 결과가 정상이라고 나왔더라도, 그는 전화를 걸고 얘기해준다. 이 일은 엄청나게 쉬운 일이지만, 리마커블하다. 그는 내게 아주 간단하다고 말했다. "왜냐하면 나도 내 의사가 그렇게 해주길 바라거든요." 때때로 우리는 바쁜 업무에 파묻혀버려, 그 물건에 관심을 가진 사람들을 위해 우리가 무언가를 만들고 있다는 사실을 잊어버리기 쉽다.

문제는 투사하는 일이다. 당신이 진심으로 관심을 가지는 것이라면 어렵지 않다. 그러나 당신이 관심을 가지지 않는 것이라면? 당신이 별로 열정적으로 사용하지 않는 무언가를 만들고 마케팅하느라 바빠야 한다면 어떻게 될까? 어쨌든 누군가는 일회용 기저귀나 투석기, 회전 숫돌 같은 것을 만들어야 할 필요가 있지 않은가.

당신은 2가지 기법 중에서 선택할 수 있다. 첫 번째는 투사의 기술을 터득하는 것이다. 어떤 제품에 진정으로 관심이 있는 사람들의 머릿속으로 들어간 다음, 그들이 좋아하고 함께 쓰고 싶어 하는 무언가를 만드는 기술 말이다. 이렇게 할 수 있는 마케터와 디자이너는 다른 사람의 입장이 돼서 그 사람들이 무엇을 원하는지 상상해볼 수 있다.

이 요령을 터득하면 장기적으로는 자기 자신을 위한 물건만을 만들 때보다 이익이 훨씬 많이 난다. 또한 당신은 좀 더 융통성을 가지게 된다. 마케터들 중에는 자신들과 똑같은 아주 소수의 소비자층만을 위한 퍼플 카우밖에는 창조할 수 없는 부류가 있다. 이들은 육감에 의지해서 결정을 내리고, 한동안은 이것이 통한다. 하지만 당신이 이런 방식을 따른다면, 머지않아 당신의 육감은 당신을 실망하게 할 것이다. 만약 당신이 서로 다른 부류의 소비자층의 마음을 상상해보는 능력을 체득하지 못하면, 해당 소비자 집단과 접촉할 수 없을 때 당신은 공포에 질릴 가능성이 크다.

두 번째 기법은 투사의 과학을 터득하는 것이다. 제품을 출시하고, 관찰하고, 측정하고, 학습하고, 이런 과정을 반복하는 체계를 만드는 것이다. 분명히 이 기법은 제트 여객기 같은, 복잡하고 영업 주기가 긴 제품에는 적당하지 않겠지만, 자동차와 장난감, 그리고 이 둘 사이에 있는 대부분의 제품에 적용된다. 매년 2월 장난감 업계는 연례 장난감 박람회에서 수백 가지의 장난감을 내놓는다. 하지만 실제로 생산되는 건 단지 일부에 불과하다. 리마커블하지 않은 장난감들은 선보인 시점으로부터 선적일 사이의 어느 시점에 사라져버린다.

사람들이 무엇을 원하는지 알아내기 위해 투사의 과학을 실천하는 마케터들은 특별한 편견이나 관점이 없다. 대신에 이들은 그 과정을 이해하고, 그 과정이 어디까지 이르든 받아들일 것이다.

당신이 속한 산업에서 리마커블한 제품을 성공적으로 내놓은 사람(또는 대행사)이 있는가? 그들을 고용하거나, 아니면 적어도 그들의 행동으로부터 배울 수 있는가? 고객이 느끼는 것을 당신도 함께 느낄 수 있다면 전문지든, 전시회든, 디자인 평론이든 가리지 말고 몰두하라.

공격적으로 새로운 제품과 정책을 시도하는 문화를 창조할 수 있는가? GM이 뉴욕 자동차 쇼에서 콘셉트 카를 선보일 때, 거기에는 자존심 이상의 무엇이 있다. 그들은 자동차광들이 무엇을 리마커블하다고 생각하는지 알아내려고 하는 것이다. 내가 지금 포커스 그룹을 말하려는 게 아니다(포커스 그룹은 시간 낭비다). 돈이 많이 들지 않는 견본을 대중에게 공개하는 문제에 관해서 이야기하는 것이다.

리마커블하기 위해서는 충격적이어야 하는가?

충격적이라고 항상 리마커블한 건 아니다. 반드시 그럴 필요는 없다. 가끔 충격적인 것은 단지 짜증만 나게 할 뿐이다. 오지 오스본Ozzy Osbourne은 운이 좋았는지 충격적이면서 동시에 리마커블했다. 우리는 뒤집힌 광고를 싣고, 지저분한 얘기로 가득 채우는 함정에 빠지기 쉽다. 충격적인 게 때때로 효과가 있을지 모르지만, 그건 전략이 아니다. 그건 자포자기나 다름없다. 충격에 어떤 목적이 있어야 하며, 그 충격적인 요소가 제품 안에 포함되어야 한다.

나는 비행기에서 앞좌석의 60대 할머니가 후터스 티셔츠를 입은 걸 봤다. 후터스의 슬로건은 '매혹적으로 도발적인'이다. 그러나 때 묻지 않은. 후터스가 효과 있는 이유는 사람들을 불쾌하게 만들지 않으면서 딱 적당할 정도로만 충격적이기 때문이다. 모든 사람이 후터스를 좋아할까? 천만의 말씀이다. 이게 후터스를 리마커블하게 만드는 점이다. 만약 모든 사람이 좋아한다면 지루해질 게 뻔하다.

주의할 점은 중요한 건 말하는 방식이 아니라, 말하려는 것 그 자체이다. 관심을 주지 않으려는 사람들의 관심을 사로잡기 위해 잠깐은 불쾌한 행동을 할 수 있지만, 이게 장기적인 전략은 되지 못한다. 충격적인 것만 가지고는 통하지 않는다. 그러면 스니저들은 당신에 대해 긍정적인 얘기는 하지 않는다.

당신은 아마 너무 충격적이어서가 아니라 너무 조심성 있어서 죄책감을 느낄 것이다. 그저 짜증 나게 하려면, 한번 충격적으로 무언가를 해보라. 그건 좋은 연습이다. 늘 통하는 법은 아니니까 너무 많이 시도하지는 말라. 그러나 첨단에 서 있는 기분이 어떤지 알기 위해서는 좋은 방법이다.

사례 연구:
맥도날드 프랑스

최근 맥도날드 프랑스 지사는 프랑스인들이 패스트푸드 식당을 일주일에 2번 이상 방문하지 않도록 촉구하는 보고서를 작성하고, 지원금을 지급했다. 심지어 그 보고서를 홍보까지 했다. 그 보고서는 세계적인 파문을 일으켰고, 미국의 모회사는 "충격을 받았다!"라고 공표했다.

이게 나쁜 전략일까? 고객들에게 얘기할 때 솔직해짐으로써, 어쩌면 맥도날드 프랑스 지사는 장기 성장 전략의 토대를 세우고 있는지도 모른다. 미국식 공장 광고 모델은 더 많은 것을 계속 요구하고, 이것은 결국 성장 속도를 유지할 수 없을 때 파멸로 이어지기 마련이다.

패스트푸드의 부정적인 면을 인정하면서 오히려 긍정적인 결과를 낳았다. 맥도날드 프랑스는 과거의 마케팅 방식으로는 결코 다가갈 수 없었던 훨씬 더 광범위한 소비자층에게 다가 가고 있는지도 모른다.

당신이 진실을 말한다면 무슨 일이 벌어질까?

그러나 공장은 어떻게

하는가?

틀림없이 이것이 퍼플 카우 사고방식에 대한 가장 커다란 반론일 것이다. 당신의 회사는 이때까지 성공적이었다. 당신의 회사는 아마 TV-산업 복합체를 기초로 하여 성장했다. 당신의 회사는 인력, 정책, 유통, 제품군, 공장에 투자했다. 모든 직원이 인정하는 그런 시스템, 바로 이것이 당신의 회사다.

그런데 갑자기 하룻밤 사이에 아무것도 옛날처럼 통하지 않는다. 당신이 버거킹Burger King이라면, 광고 대행사를 바꿀 것이다. 당신이 모토로라라면, 직원 1만 명을 해고할 것이다. 삭은 회사들도 고통을 겪지만, 조금 조용하게 겪을 뿐이다.

커다란 회사들 대부분은 마케팅이 위기에 처했다고 생각한다. 그들은 과거의 방식이 더는 통하지 않음을 알고 있다. 그들은 인프라에 막대하게 투자한 걸 보호하고 싶어 하며, 또한 마케팅을 고치는 게 해답이라고 믿는다.

당신이 이 책의 내용을 당신의 상사와 동료들에게 소개하면 그들은 반대할 가능성이 크다. 그들은 마케팅의 사명이 시장에 파는 것 아니냐며, 뛰어난 마케팅이라면 현재 가지고 있는 제품의 문제를 당장 고칠 수 있다고 할 것이다. 게다가 리마커블한 제품을 기다릴 시간도 없지 않으냐면서 말이다. 지금 당장 성공이 필요하다. 그런데 만약 시간이 없어서 올바른 일을 하지 못하고 있다면, 나중에 다시 할 수 있는 시간이 생길 것이라고 어떻게 장담하는가?

내가 이 책을 쓴 건 당신도 퍼플 카우를 만들 수 있도록 당신에게 탄약을 지급해주기 위해서다. 모든 이에게 이 책을 1권씩 줘라. 마케팅 부서에만 주지 말고 모든 직원한테 줘라. 어떤 산업이든 그들과 똑같은 고통을 느끼고 있다는 사실을 직접 보게 하라. 그들은 문제가 자기들 광고에 있는 게 아니라, 그보다 훨씬 더 심각하다는 사실을 깨닫게 될 것이다.

얼간이 같은 광고 캠페인이나 전시회, 영업 총회 같은 곳에 추가로 돈을 쓰기 전에, 당신의 엔지니어나 고객들과 시간을 좀 더 보내라. 사람들에게 백지 1장을 준 다음, 아무런 제약 없이 무엇이든지 할 수 있다면 무슨 일을 하고 싶은지 물어보라. 사람들이 실패를 두려워하지 않는다면, 그들이 시도할 수 있는 가장 대담한 일은 무엇일까?

베스트 바이Best Buy(미국의 전자 제품 판매 회사 – 역자 주)의 새 CEO 브래드 앤더슨Brad Anderson은 뛰어난 전략가다. 그는 베스트 바이 성장 과정의 중요한 순간들에 관한 통찰력이 있다. 그는 이렇게 말했다. "우리는 우리가 팔기 원하는 걸 팔기보다, 사람들이 우리가 팔았으면 하고 바라는 걸 팔았어요. 그러고 나서 그걸로 어떻게 하면 돈을 벌 수 있을지 생각했죠. 우리가 고객들과 얘기를 나눌 때마다, 고객들은 우리가 갈 수 있는 가장 어려운 길을 가길 원했어요. 그런데 매번 그 길은 올바른 길이었어요."

베스트 바이는 경기 침체에 직면한 다른 전자 제품 판매 회사들이 하는 걸 따라 할 수도 있었다. 신문 광고를 더 많이 내고, 가격을 조정하고, 직원을 감축하고, 우는소리 하면서 허리띠를 졸라매는 것 말이다. 그러나 베스트 바이는 가기 힘든 길을 선택했다. 소비자들에게 리마커블한 경험을 선사할 그런 길 말이다. 처음에는 그 길이 그들의 사업을 성장시키는 데 시간이 더 걸리고 느린 길처럼 보였지만, 되돌아보면 지루한 광고를 잔뜩 내면서 현재 있는 자리에 가만히 머무는 것보다 훨씬 더 빠른 (그리고 훨씬 더 저렴한) 길이었다.

리마커블하기 위해 항상 공장의 핵심 기계를 바꿔야 하는 건 아니다. 전화 받는 방법을 바꾸거나, 새 브랜드를 출시하는 방법을 바꾸거나, 아니면 소프트웨어 가격을 조정하거나 하는 방식이 될 수도 있다. 어떤 기회가 있을 때마다 '안전하지 않은' 일을 하는 습관을 들이는 게 투사의 기술을 배우는 가장 좋은 방법이다. 이를 통해 무엇이 통하고 무엇이 그렇지 않은지 깨닫는 연습을 할 수 있다.

값싼 것의
문제점

값이 싸다는 건 리마커블의 요소 가운데 유일하게 호소력을 잃지 않은 항목이다. 다른 모든 조건이 같다면, 반복해서 구매하는 물품이라면 무엇이든지 싼 것의 시장 점유율이 올라가기 마련이다.

가격을 낮추는 것의 문제점은 일단 당신이 그렇게 하기 시작하면, 당신의 경쟁자도 똑같은 게임을 할 가능성이 크다는 데 있다. 점점 심해지는 가격 전쟁 속에서 어떻게 한 회사가 다른 회사를 물리치고 여전히 경제적으로도 승리할 수 있을까? 물론 이케아IKEA는 그럴 수 있다. 월마트도 그럴 수 있다. 그렇다면 당신도?

가격을 낮추는 건 가장 게으른 방법이다. 가격을 낮추는 건 아이디어가 바닥난 마케터와 제품 개발자의 마지막 도피처다. 이 법칙에 예외가 있다면 가격을 정말 획기적으로 낮추는 것이다. 마케터가 어떤 제품을 생산하고 배송하는 방법을 혁신적으로 바꿔서 다른 경쟁사의 가격을 훌쩍 뛰어넘을 때만 리마커블한 결과를 가져올 수 있는 것이다.

퍼플 카우는 고가의 제품과 부유한 소비자들만의 전유물이 아니다. 모텔 6는 깨끗하면서도 저렴하기 때문에 리마커블하다. 월마트도 마찬가지다. 제트블루와 사우스웨스트South-west는 항공료의 방정식을 완전히 바꿔놓았다. 값비싼 허브 공항과 거북한 노조 문제를 지닌 전통적인 항공사들은 장기에 걸친 가격 경쟁을 견딜 수 없다. 결국에는 이런 신생 항공사들이 누리는 50%의 가격 우위 덕분에 기존 항공사들은 패배할 게 확실시된다. 아메리칸 항공과 유나이티드 항공도 이 사실을 알고 있지만, 이 상황에서 이들이 할 수 있는 건 하나도 없다. 사우스웨스트는 게임의 규칙을 바꿔버렸고, 대형 항공사들은 던질 주사위조차 없어졌다.

이케아는 똑같은 일을 가구 시장에서 했다. 이들은 값싸지만, 싸구려가 아닌 가구로 자기네 시장을 완전히 지배했으며, 그 결과 가격을 점점 더 낮출 수 있게 됐다. 이들의 물량적 우위는 경쟁자 입장에서 볼 때 게임을 완전히 바꿔놓았다. 어떤 경쟁자가 더 리마커블한 방법을 내놓기 전에는 이케아는 이 시장에서 선도적 위치를 놓치지 않을 것이다.

현재 가격보다 30% 낮은 가격을 제공하는 별도의 회사를 설립할 수 있다면, 그렇게 하겠는가? 만약 그럴 수 있다면, 왜 그렇게 하지 않는가?

사례 연구: 홀마크닷컴은 무엇을 해야 하는가?

홀마크Hallmark는 3대 온라인 카드 사이트 중 하나를 운영한다. 이 사이트는 사람들이 친구에게 온라인 카드를 보내고, 그 카드를 읽은 사람이 이 서비스에 대해 알게 돼 다시 카드 몇 개를 더 보내고 하는 식의 아이디어 바이러스로 성장했다. 1년도 안 되어 카드 수십억 통이 온라인에서 날아다녔다.

문제는 물론 이 서비스를 수익성 있는 사업으로 바꾸는 것이다. 홀마크에 주효하리라고 생각되는 건 상품권을 파는 것이다. 홀마크는 상품권 회사를 소유하고 있고, 그들은 당신이 20달러를 주고 20달러짜리 상품권을 살 때마다 이익을 남긴다. 홀마크는 이 책에 소개한 강력한 힘 3가지(허락, 오타쿠, 스니저를 가리킨다 - 역자 주)와 모두 관계가 있어서, 나는 기꺼이 홀마크에 다니는 내 친구를 도와 그 힘들이 원활하게 작동할 수 있는 몇 가지 방법을 브레인스토밍하기로 했다.

우선 홀마크는 고객층에게 얘기할 수 있는 허락을 보유하고 있다. 소비자들은 카드를 보내려 자발적으로 홀마크 사이트에 온다. 끼어들기 매체interruption media는 전혀 필요하지 않다. 그런데 문제는 그들이 알아서 여기 오긴 했지만, 많은 이들은 홀마크가 자신들의 대화에 끼어들어 목소리 내기를 바라지 않는다. 따라서 홀마크가 나누고 싶어 하는 어떤 소식에도 귀를 기울이지 않는다.

다행히도 많은 방문자들이 홀마크의 골드 크라운 클럽 회원들이다. 이 소비자들은 상품과 바꿀 수 있는 포인트를 모으느라 바쁘다. 소비자들의 관심은 '어떻게 하면 더 많은 포인트를 모을까'이다. 이 문제를 시장이 해결해준다면 아주 적극적일 것이다.

그리고 무엇보다도 이 골드 크라운 클럽 회원들은 부지런한 스니저다. 그들은 매년 엄청난 양의 온라인 및 종이 카드를 보내는데, 이들로부터 카드를 받는 사람들은 보내는 사람이 무슨 이익을 바라는 게 아니라는 사실을 잘 알기 때문에 즐겁게 카드를 받는다. 그들은 단지 가장 좋은 카드를 골라 보내는 일에 관심이 있을 뿐이다.

내가 보기에 사업의 승패는 상품권을 받은 사람들이 나중에 또 다른 상품권을 보내는지 여부에 달려 있는 것 같다. 온라인 상품권 아이디어가 사람들에게 퍼질 만큼 리마커블하다면, 그다음 과제는 입소문을 퍼뜨릴 핵심 스니저 집단을 찾는 것이다.

그럼 홀마크의 내 친구를 위해 몇 가지 아이디어를 설명해 보겠다. 골드 크라운 클럽 회원이 온라인 카드를 보내려고 할 때, 상품권을 함께 보내면 포인트 몇 점을 더 받을 수 있는지 알고 싶냐고 물어보라. 그리고는 100포인트와 100만 포인트 사이에서 하나를 무작위로 선택해 제시하라. 당연히 적은 포인트를 받는 사람이 대부분이겠지만, 이따금 많은 포인트를 받는 사람도 나와야 할 것이다.

집중하고, 주목하고, 귀 기울이는 이 대부분의 회원들은 몇 점을 얻을 수 있는지 그저 알아보기 위해 다음 페이지로 넘어가는 클릭 버튼을 누르는 정도의 수고는 기꺼이 할 것이다. 홀마크가 "온라인 카드를 보내세요."에서 "상품권에 대해 홀마크와 얘기해 보세요."로 대화를 바꿨기 때문에, 홀마크는 이 소비자들을 대상으로 상품권이 왜 리마커블한 선물인지 설득할 수 있는 기회를 가지게 된다. 그리고 이런 많은 스니저들은 실제로 상품권을 보낼 것이다.

물론 이 판촉 아이디어는 상품권을 받은 사람들이 다른 상품권을 보내기 시작하지 않는다면, 홈런을 치지는 못한다. 100만 포인트는 거저 주기엔 너무 많은 점수가 아니냐고? 그렇다. 그러니까 퍼플 카우다.

 퍼플 카우가 일자리를 찾을 때

지금까지 우리는 기업들이 무엇을 해야 하는지에 대해 이야기 했다. 이러한 생각을 일자리 찾는 문제에도 적용할 수 있을까? 지난번 이직 때, 당신은 아마 이력서를 썼을 것이다. 다른 사람들처럼 수천 개 회사에 이력서를 보냈을지도 모른다. 새로운 일자리를 찾기 위한 노력의 일환으로 인터넷에 이력서를 올리거나 이메일로 보냈을지도 모르겠다.

이런 모든 노력은 사실상 광고와 다를 바 없다. 어떤 의미에서는 TV 광고와 아주 다른 광고라고 할 수 있을지도 모르지만, 동시에 매우 비슷하다. 결국 당신의 이력서는 당신이 어떤 사람인지, 당신이 무엇을 하려는지 전혀 관심 없는 누군가의 책상 위에 올라갈 가능성이 높다. 게다가 이 전략이 입소문을 탈 가능성은 더더군다나 없다.

여기 다른 방법이 있다. 어쩌면 당신이 짐작했을지도 모르겠다. 예외적인 사람이 되어라. 리마커블한 경력을 가진 리마커블한 사람은 훨씬 적은 노력으로 이직에 성공한다. 리마커블한 사람은 대부분 이력서조차 없다. 대신에 이들은 빈자리가 생겼을 때 재빨리 자기들을 추천해줄 스니저들에게 의존한다. 리마커블한 사람은 많은 경우 그들이 좋아하는 일자리에서 그보다 더 좋아하는 자리로 스카우트된다.

비결은 구직 기법에 있는 게 아니다. 비결은 이 사람들이 일자리를 찾지 않는 동안 무엇을 하는지와 관련되어 있다. 이 퍼플 카우들은 충격적인 일을 해낸다. 이들은 사람들의 주목을 받는 프로젝트에 시간을 쏟는다. 이런 사람들은 위험을 무릅쓰고, 때로는 커다란 실패를 경험한다.

하지만 이런 실패가 이들을 막다른 골목으로 인도하는 일은 거의 없다. 결국은 이 실패라는 것도 사실상 위험이 아니다. 대신 이런 유의 실패 때문에 그들은 다음에 훨씬 더 좋은 프로젝트를 맡을 가능성이 높아진다.

당신이 퍼플 카우가 되고 싶다면, 그렇게 될 수 있는 시기는 당신이 일자리를 찾고 있지 않을 때이다. 진로에서는 브랜드보다 안전한 길이 훨씬 더 위험한 길이다. 평생에 걸친 직업 안정의 길은 리마커블해지는 것밖에 없다.

"요청하시면 추천서를 보내드리겠습니다?" 말도 안 된다. 당신의 이력서가 당신의 추천서다. 평범한 이력서는 미래의 고용주가 거절할 수 있는 변명거리를 줄 뿐이다. 반면에 도가 지나친 추천서는 인터뷰를 구걸하는 꼴이다.

www.monster.com에 가보라. 수백만 장의 이력서가 산더미처럼 쌓여 누군가 자기를 찾아주길 기다리고 있다. 당신도 그 이력서 더미 안에 있다면, 그다지 좋은 데 있지 않다는 사실을 알아야 한다. 일자리를 찾아 나서기 전에, 그 문제에 대해 걱정할 필요가 없도록 오늘 무엇을 할 수 있을지 생각해보라.

사례 연구: 홍보 전문가 트레이시

내 친구 트레이시는 자기 회사를 차리기 위해 홍보 대행사를 그만뒀다. 그녀는 북동부 지역 전역의 마케팅 부서 관리자 수백 명에게 똑같은 편지 수백 통을 보냈다. 이건 엄청나게 비싼 광고였지만, 당연히 별 효과를 거두지 못했다.

PR 회사가 필요한 마케팅 부서 관리자라면 아마 그런 회사를 이미 고용하고 있을 것이다. 만약 새로운 회사를 찾고 있는 마케팅 관리자가 있다면, 그들이 트레이시에게 전화를 걸게 하기 위해서는 요청하지도 않은 광고지 이상의 무언가가 있어야 한다.

어떻게 할 것인가? 나는 트레이시에게 가장 좁은 틈새에 초점을 맞추라고 제안했다. 그녀는 제약 분야에 경력이 있어 우리는 그 방면을 골랐다. 그리고 한 걸음 더 나아가 성형외과 의사들을 선택했다. 트레이시는 세계 최고의 성형외과 의사 대상의 홍보 전문가가 되는 데 모든 초점을 맞추기로 결심했다.

만약 제약 회사들이 성형외과 의사들을 컨택하려 한다면, 그들은 그녀에게 전화를 걸 것이다. 그녀는 이 분야의 모든 학술 잡지와 협회 그리고 대부분의 의사를 알고 있다. 그녀는 이 분야의 하나밖에 없는 최고의 마케터인 것이다. 그녀를 제외한 모든 PR 회사들에게 성형외과 의사들은 자기들 고객 명부의 일부일 뿐이다. 그러나 트레이시의 경우 이들은 고객 명부의 전부이다.

만약 일의 성패가 성형외과 의사들에게 새로운 제품을 홍보할 세계 최고의 사람을 고용하는 데 달렸다면, 당신은 누구를 고용하겠는가?

케이마트에 가본 지 얼마나 됐는가? 내 추측으로는 당신이 다른 대부분의 독자들과 같다면, 오래 전일 것이다. 하지만 타깃Target의 경우는 다르다. 타깃은 전문직 종사자, 디자인광, 진지한 구매자들(다른 말로, 쓸 돈이 있는 사람들) 사이에서 인기가 높은 할인점이다.

타깃은 어떻게 한 것일까? 타깃의 광고가 상당히 좋긴 하지만, 확실히 광고 때문은 아니다. 사실은 '트렌드, 디자인, 기술 사양' 담당 부사장인 로빈 워터스Robyn Waters 같은 사람들 때문이다.

로빈은 마이클 그레이브스Michael Graves(세계적으로 유명한 건축가이자 디자이너 - 역자 주)가 타깃을 위해 찻주전자를 만들도록 설득한 사람이다. 그녀는 놀랍도록 싼 접시와, 떠다니는 표적이 들어 있는 작은 필기구 같은 걸 찾아내는 사람이다. 광고를 사서 시장 점유율을 높이려고 시간과 돈을 쓰는 대신, 타깃은 어떤 가격대에서도 멋진 제품으로 보일 독점 상품을 공급하면 많은 광고비를 들이지 않고도 승리할 수 있다는 사실을 몸소 깨달았다. 새로운 물건을 구입하고 그것에 대해 여기저기 얘기하고 다니는 사람들에게 호감을 살 수 있는 그런 멋진 제품을 갖추는 게 바로 타깃 전략의 핵심이다.

타깃 같은 할인점이 시어스Sears나 케이마트를 몰아낼 수 있었다면, 무엇이 당신을 당신의 거대한 경쟁자들보다 훨씬 성장하는 걸 막고 있는가?

사례 연구: 너무나 유명해서, 아무도 그곳에 가지 않는다

여기 퍼플 카우 사이클이 어떻게 작동하는지 알 수 있는 훌륭한 사례 연구가 있다. 스튜 레너드Stew Leonard는 코네티컷주에서 평범한 낙농 제품 가게를 시작했다. 가게는 2만 평방피트가 채 안 됐고, 우유와 치즈를 포함해 낙농 제품 가게에 으레 있기 마련인 필수품들을 팔았다. 하지만 스튜는 작은 가게에 머물고 싶지 않았고, 그래서 퍼플 카우를 받아들였다.

스튜는 가게 앞에 작은 동물원을 만들었다. 그는 간결하고도 중요한 고객 서비스 정책을 정리해서 6,000파운드짜리 화강암 덩어리에 새긴 다음 가게 앞에 세워놓았다. 그는 독특하거나 특이한 상품을 선보이기 시작했으며, 파격적으로 할인된 가격으로 많은 물건을 팔았다. 가게는 음매 하고 우는 로봇 소, 춤추는 우유 팩, 바이올린을 연주하는 닭들로 채워졌다.

스튜의 코네티컷 가게 근처의 교외가 성장함에 따라, 그의 퍼플 카우 전설도 무럭무럭 성장했다. 그는 가게를 10배도 넘게 확장했고, 마침내 '리플리의 믿거나 말거나!Ripley's Believe It or Not!'에도 출연했다. 톰 피터스는 그의 주요 저서에서 스튜를 칭송하기도 했다. 스튜는 정치가들의 조언자였으며, 영화배우 폴 뉴먼Paul Newman의 친구이기도 했다.

스튜의 가게가 이룬 혁신은 너무나 눈부시다. 그래서 나는 모든 직원을 태우고 1시간이나 떨어진 코네티컷에 가서, 스튜가 세계적 수준의 조직을 만들기 위해 고객 서비스와 쇼맨십을 어떻게 결합했는지 직접 보도록 했다.

이게 10년 전의 일이다. 오늘날 스튜 레너즈Stew Leonard's는 그의 아들이 운영하고 있는데, 가게는 몇 군데 다른 지역으로도 확장했다. 그중 하나는 우리 집에서 2마일밖에 떨어져 있지 않다. 하지만 나는 거기에 절대로 가지 않는다. 왜냐고? 너무 유명하기 때문이다. 그래서 이젠 지루하다.

아들 스튜 주니어Stew Jr.는 입소문이 더욱 퍼지도록 퍼플 카우를 이용했다. 그리고 그건 효과가 있었다. 그러나 이미 입소문이 났기 때문에, 이제는 퍼플 카우의 젖을 짜는 것이 더 이익이 된다. 스튜는 나를 평범한 식료품 소비자 10명과 맞바꿨다. 스튜 가게의 제품들은 독특하지 않다. 스튜 가게에는 유기농 제품도 없고, 전에 보지 못한 새로운 브랜드도 없으며, 아주 싼 가격에 파는 것도 없다. 고객 서비스도 그냥 괜찮은 정도다. 생선 담당 점원에게 호박 통조림이 어디 있느냐고 물어보면, 그는 아무 곳이나 가리키며 "저기 있어요."라고 할 것이다. 예전이었다면, 점원이 당신을 거기까지 데려다줬을 것이다.

전에는 출구에 건의함이 있었다. 거기에 쪽지를 써내면, 대부분의 경우 스튜에게 직접 답장을 받았다. 건의함은 아직 거기 있지만, 답장받을 생각은 마라. 이제 사업이 너무 잘돼서 그런 건 신경 안 써도 될 정도니까. 그러니까 당신의 주차장이 가득 차서 넘치고, 과거 어느 때보다 훨씬 더 돈을 번다면, 이제 퍼플 카우에 대해서 걱정할 필요가 없다는 말인가?

단기적으로는 스튜 주니어의 전략은 훌륭하다. 그는 아버지가 구축한 브랜드를 활용해 막대한 부를 쌓고 있다. 비웃음을 살지 모르지만 엄연한 사실이다. 대중을 위해서 가게를 운영하는 것은 빨리 부자가 되는 방법이다. 당신의 사업이 비슷한 상황에 있다면, 주주들은 아마 당신이 스튜 주니어와 똑같이 하기를 원할 것이다.

식료품 사업은 어느 지역에 일단 자리를 잡으면, 아주 오랫동안 이익을 낼 수 있다는 점에서 매우 특별하다. 또한 식료품은 유행에 뒤떨어질 가능성이 별로 없기 때문에, 한번 정상에 오르면 아주 장기간 이익을 볼 수 있다.

반면에 만약 당신의 목표가 더욱 크고 안정된 사업을 구축하는 것이라면, 이런 전략이 어떤 결과를 낳을지 상상하기 힘들다. 만약 스튜가 (기존의 큰 슈퍼마켓이 장사를 잘하고 있고 아무도 스튜의 퍼플 카우에 대해 들어본 적이 없는) 텍사스주 휴스턴에 가게를 연다면, 그 가게는 장사가 그렇게 잘되진 않을 것이다. 그리고 만약 스튜의 사업이 당신 사업처럼 유행의 변덕에 영향을 많이 받는다면, 그는 좀더 걱정할 일이 많아질 것이다.

퍼플 카우는 제품 생명 주기의 일부일 뿐이다. 언제나 그것만 바라보고 살 수는 없지만(너무 위험하고, 너무 비싸고, 너무 피곤하다), 성장하거나 무언가 새로운 것을 내놓을 필요가 있을 때는 최고의 선택이다.

다음에 스튜에 가거든 나의 안부를 전해달라. 나는 모퉁이에 위치한, 빠르게 성장하고, 매우 수익성이 높고, 그리고 아주 리마커블한 채소 가게 브라더스Brother's에서 물건을 사고 있을 테니까(브라더스는 한국인이 운영하는 가게다 – 역자 주).

열정의 문제인가?

톰 피터스는 묻는다. "일이 중요한가?" 우리가 하는 일에 열정과 '와우!' 그리고 마법을 더하라는 그의 주장은 많은 이를 사로잡았다. 톰이 줄기차게 주장한 아이디에이션, 위험 감수, 다분야 조직의 문제는 대단히 중요하지만, 우리가 함께 일하는 사람들에겐 호감을 사지 못하는 것 같다.

"어떻게 하면 좀 더 많은 소비자들의 호감을 살 수 있을까?", "월마트가 받아주지 않을 거야.", "시답지 않은 회의나 제품의 실패를 감당할 만한 여유는 없어." 같은 말을 하는 사람들은 혁신적인 마케터의 영웅담에도 감동받지 않을 것이다. 열정의 산물은 모두 그저 특이한 그 무엇이라고 생각할 뿐 받아들이진 않는다. 사실 그런 사람들은 성공의 이유에는 관심 없다. 그들은 잘될 일만 하고 싶어 한다.

그런데 바로 이것이 퍼플 카우의 핵심이다. 당신이 꼭 좋아하는 것만 만들 필요는 없다. 〈패스트컴퍼니〉 오타쿠나 신상품 전도사가 될 필요도 없다. 당신은 그저 퍼플 카우가 아니면 통하지 않는다는 사실만 깨달으면 된다. 그 증거로 대형 브랜드와 큰 성공과 수익성 높은 신생 회사는 모두 퍼플 카우와 관련되어 있다.

퍼플 카우를 창조하기 위해 꼭 열정이 필요한 건 아니다. 대단한 창의력이 필요한 것도 아니다. 당신에게 필요한 건 퍼플 카우 전략으로 제품을 개발하거나 사업을 키우는 것말고는 다른 대안이 없다는 것을 깨닫는 것뿐이다. 다른 아무것도 통하지 않는다.

이는 1개의 상품을 내놓으면서 TV 광고에 1억 달러를 투자하는 것보다, 10개의 제품 자체에 각각 1,000만 달러씩 투자하는 것이 훨씬 더 현명하다는 뜻이다. 또 10개 제품이 모두 실패하더라도, 당신은 통하지 않는 10가지 방법을 알게 됐으니까. 이 경우 TV 광고를 했던 제품이 실패했을 때보다 훨씬 앞서 있는 셈이다.

　설령 당신의 상사가 포커스 그룹을 운용해 새로운 제품이 확실하게 성공할 것인지 입증하기를 원한다고 해도 개의치 말라. 만약 포커스 그룹이 그 신제품을 좋아한다 해도, 아마 그들이 잘못됐을 것이다. 회사에서 당신에게 이번 크리스마스에 히트할 단 1개의 제품을 내놓으라고 한다면, 다른 데 이력서 낼 준비나 해라. 그런 압력 아래에서는 퍼플 카우를 만들지 못한다. 통해야 하는 것들이 더는 통하지 않는다.

　창의력이나 브레인스토밍, 또는 조직 구성에 관한 책도 필요 없다. 당신에게는 이미 당신 회사가 용기가 없어 실행하지 못하고 있는 아이디어가 100개는 있을 것이다. 더 많은 시간이나 돈도 필요치 않다. 완전히 새로운 비즈니스 패러다임이 작동하고 있다는 사실만 깨달으면 된다. 일단 당신이 퍼플 카우의 진실을 받아들이면, 갑자기 퍼플 카우 찾기는 한결 수월해진다.

　J. 피터맨은 〈뉴요커〉 독자들에게 다가가는 방법을 알고 있었다. 그는 릴리안 버논Lillian Vernon(오랜 역사를 자랑하는 미국의 유명한 카탈로그 판매 업체 - 역자 주)이 되기엔 너무 늦었다는 사실을 알고 시도조차 하지 않았다. 그가 목표로 삼았던 소비자들에

게 J. 피터맨의 카탈로그와 그의 목소리는 마술과 같았다. 어떤 대형 카탈로그 판매 업체라도 처음에는 그의 비전에 투자하지 않았을 것이다. 너무 생소하고, 너무 특이했다. 어떤 사람은 심지어 기분 나쁘다고까지 했다.

코미디 센트럴Comedy Central이 만화 '사우스 파크South Park'를 가지고 포커스 그룹 테스트를 했을 때, 여성들로부터 10점 만점에 겨우 1.5점을 받아 기록을 세웠다. 참가자 가운데 3명은 울어버릴 정도였다. 무섭다고? 물론이다. 괴상하다고? 일부에게는 그랬다. 그러나 사춘기 소년이나 아직도 그 아이들처럼 행동하는 사람들 사이에서는 입소문이 퍼졌고, 그 만화는 엄청나게 성공했다.

명심하라. 괴상한 걸 만들라는 얘기가 아니다. 오타쿠를 가진, 그리고 접근이 쉬운 소수의 스니저 집단이 거부할 수 없는 걸 만들어라. 거부할 수 없다는 건 우스꽝스럽다는 게 아니다. 거부할 수 없다는 건 곧 리마커블하다는 것이다.

틀림없는 사실

인터브랜드Interbrand는 매년 전 세계 상위 100대 브랜드를 발표하는데, 여러 가지 알 수 없는 기준을 조합해 어느 브랜드가 가장 가치 있는지 결정한다. 2002년의 목록을 살펴보면 다음과 같다.

- Coca-Cola 코카콜라
- Microsoft 마이크로소프트
- IBM 아이비엠
- GE 지이
- Intel 인텔
- Nokia 노키아
- Disney 디즈니

- McDonald's 맥도날드
- Marlboro 말보로
- Mercedes 메르세데스
- Ford 포드
- Toyota 토요타
- Citibank 씨티은행
- HP 에이치피

- Amex 아멕스
- Cisco Systems 시스코 시스템즈
- AT&T 에이티앤티
- Honda 혼다
- Gillette 질레트
- BMW 비엠더블유
- Sony 소니
- Nescafé 네스카페
- Oracle 오라클
- Budweiser 버드와이저
- Merrill Lynch 메릴 린치
- Morgan Stanley 모건 스탠리
- Compaq 컴팩
- Pfizer 화이자
- JPMorgan 제이피모건
- Kodak 코닥
- Dell 델
- Nintendo 닌텐도

- Merck 머크
- Samsung 삼성
- Nike 나이키
- Gap 갭
- Heinz 하인즈
- Volkswagen 폭스바겐
- Goldman Sachs 골드만 삭스
- Kellogg's 켈로그
- Louis Vuitton 루이 비통
- SAP 에스에이피
- Canon 캐논
- IKEA 이케아
- Pepsi 펩시
- Harley 할리
- MTV 엠티브이
- Pizza Hut 피자 헛
- KFC 케이에프씨
- Apple 애플

- Xerox 제록스
- Gucci 구찌
- Accenture 액센추어
- L'Oreal 로레알
- Kleenex 크리넥스
- Sun 썬
- Wrigley's 리글리스
- Reuters 로이터
- Colgate 콜게이트
- Philips 필립스
- Nestlé 네슬레
- Avon 에이본
- AOL 에이오엘
- Chanel 샤넬
- Kraft 크래프트
- Danone 다농
- Yahoo! 야후!
- adidas 아디다스

- Rolex 롤렉스
- Time 타임
- Ericsson 에릭슨
- Tiffany 티파니
- Levi's 리바이스
- Motorola 모토로라
- Duracell 듀라셀
- BP 비피
- Hertz 허츠
- Bacardi 바카디
- Caterpillar 캐터필러
- Amazon.com 아마존닷컴
- Panasonic 파나소닉
- Boeing 보잉
- Shell 쉘
- Smirnoff 스미노프
- Johnson&Johnson 존슨앤드 존슨

- Prada 프라다
- Moët&Chandon 모엣 샹동
- Heineken 하이네켄
- Mobil 모빌
- Burger King 버거 킹
- Nivea 니베아
- Wall Street Journal 월 스트리 트 저널

- Starbucks 스타벅스
- Barbie 바비
- Ralph Lauren 랄프 로렌
- FedEx 페덱스
- Johnnie Walker 조니 워커
- Jack Daniel's 잭 다니엘스
- 3M 쓰리엠
- Armani 아르마니

이 100대 브랜드 중 70개는 25년 전에도 미국에서 가치 있는 브랜드였다. 모두 TV, 잡지에서의 엄청난 광고를 통해서 구축됐다. 이런 브랜드들이 성장했던 시기는 낡은 방법으로 쉽고 싸게 브랜드를 키울 수 있던 때였다. 이들은 지금도 우위를 지속하고 있으며, 새 회사들은 채울 수 있는 빈 곳이 없어 신입하기 힘들다.

그리고 30개의 신규 브랜드 중 절반은 거의 입소문으로 구축됐다(휴렛패커드, 오라클, 닌텐도, SAP, 캐논, 이케아, 썬, 야후!, 에릭슨, 모토로라, 아마존닷컴, 프라다, 스타벅스, 폴로 랄프 로렌, 아르마니). 이 중

폴로 랄프 로렌이나 썬 같은 일부 브랜드는 인쇄 광고에 많은 돈을 쓰긴 했지만, 리마커블한 제품과 입소문이 없었다면, 지금의 가치와 지위는 없었을 것이다.

이제 겨우 15개 브랜드가 남는다. 이 가운데 시스코 시스템즈와 마이크로소프트 같은 몇몇 회사들은 경쟁사를 인수하거나 위협해 시장에서 몰아내는 등 시장의 힘을 활용해 현재의 가치를 얻었다. 또한 애플 같은 일부 회사들은 리마커블한 광고와 입소문 둘 다를 이용했다.

이런 회사들을 모두 빼고 나면 이제 손에 꼽을 정도로 소수의 회사만 남는다. 컴팩, 델, 나이키, 갭, MTV, AOL, 니베아. 이 7개야말로 낡은 방법으로 자신의 브랜드를 구축한 회사들이다. 나는 개인적으로 MTV가 실제로는 이 부류에 속하지 않는다고 생각하는데, 그 이유는 MTV는 사람들이 입소문으로 알게 된 자기네 채널에만 광고했기 때문이다.

이제 당신은 스스로 다음 질문을 해야 한다. 가장 가치 있는 브랜드 중 단 6%만이 별 특별한 것 없는 제품을 사람들에게 끊임없이 상기시키는 (이제 쓸모없는) 전략을 이용했다. 이 전략이 효과가 있을 것이라고 믿을 이유가 어디에 있는가?

성장하고 싶은가? 그렇다면 퍼플 카우를 받아들여라. 낡은 방법으로 브랜드를 유지할 수는 있지만, 건강하게 성장하는 유일한 길은 리마커블한 제품밖에 없다.

브레인스토밍

다음번엔 무엇이 리마커블할지 예측할 수 없다. 아직 개척되지 않은 혁신적인 분야가 별로 없는 것도 사실이다. 이제 남은 건 시도되지 않은 조합뿐이다.

여기 내가 제안하는 체크리스트가 있다. 겨우 38가지 예시를 가지고 완벽하다고 할 수는 없지만, 당신에게 신선한 아이디어를 주리라 기대해본다.

이 체크리스트를 보고 당연하다는 반응이 나올지도 모른다. 하지만 지금 시장에서 고전하는 제품 가운데, 이러한 분석을 거친 제품이 얼마나 있는지 의심스럽다. 당신의 최신 제품은 여기 나열한 특성들을 얼마나 가지고 있는가?

🐂 나는 새 공구를 사러 나가서 평소에 거의 하지 않는 일을 했다. 시어스에 간 것이다. 내 주변의 공구를 자주 쓰는 사람들이 크래프트맨Craftsman을 추천했기 때문이다. 크래프트맨에서 나온 공구들의 디자인이 예쁘다거나, 사용하기 쉽기 때문이 아니다. 크래프트맨의 공구는 수명이 길고 보증 기간이 평생이다.

반면 키친에이드KitchenAid는 믹서 제작 과정에서 제작비를 아끼려다 수많은 제빵사 스니저를 잃었다. 온라인 게시판에는 키친에이드에 실망한 사람들의 후기로 도배되었다. 이 2가지 사례는 리마커블한 내구성에 기초를 두고 있다.

🐂 옥소OXO의 주방용품은 요리하지 않는 사람에게까지 팔린다. 왜 그럴까? 이들이 요리하는 사람들의 주방에 가봤기 때문이다. 그리고 이 요리하는 (주방 생활을 더욱 윤택하게 만들어주는 물건에 항상 관심을 갖고 있는) 스니저들은 멋지게 생긴 야채깎이와 아이스크림 주걱을 신나서 자랑했을 것이다.

🐂 야후는 어떻게 알타비스타AltaVista, 라이코스Lycos, 인포시크Infoseek를 물리치고 인터넷의 중심이 됐을까? 그리고 야후는 왜 그 교훈을 잊고 구글에게 다시 자리를 내줬을까?

야후와 구글은 동일한 성공 조건을 가지고 있었다. 믿기 어려울 정도로 단순한 인터페이스(처음 몇 년 동안 구글에는 버튼이 2개만 있었는데 그중 하나가 'I'm feeling lucky'였다)와 빠른 로딩이다. 인터넷에서 필요한 걸 찾으려면 어디에 가야 하느냐고 물으면, 그 답은 1가지였다.

내가 마크 허스트Mark Hurst에게서 들은 재미있는 이야기 하나를 들려주겠다. 구글 사람들은 자기네 서비스를 비판하는 이메일에 대단히 집착한다. 그들은 그런 비판을 아주 심각하게 받아들인다. 어떤 사람이 이따금씩 이메일을 보냈는데, 한번도 이름을 밝히지 않았다.

구글의 머리사 마이어Marissa Meyer에 따르면, "그 사람은 이메일을 보낼 때마다 2개의 숫자만 적어 보냈어요. 그 사람이 무얼 하고 있는지 우리가 알아차리기까진 시간이 좀 걸렸죠. 그는 우리 홈페이지의 단어 수를 세고 있었어요. 그 숫자가 올라가면, 예를 들어 52까지요. 그는 짜증이 났었나 봐요. 그래서 단어 수가 바뀔 때마다 이메일을 보냈던 거예요. 이상하게 들릴지 모르지만, 그 사람의 이메일은 많은 도움이 됐어요. 왜냐면 우리 UI 팀에 흥미로운 규율을 준 셈이니까요. 너무 많은 링크를 새로 걸지 않도록 말이에요." (야후의 홈페이지에는 현재 500개가 넘는 단어가 있다.)

🐂 아주 오래전, 허츠와 에이비스Avis는 TV와 인쇄 광고로 자기네 브랜드를 성장시켰다. 오늘날 경쟁사들이 똑같은 기법을 이용해 따라잡기에는 너무 늦었다. 그래서 내쇼널National과 알라모Alamo은 여전히 고전하고 있다. 하지만 엔터프라이즈 렌터카Enterprise Rent-A-Car는 완전히 다른 전략을 구사한다. 이 회사는 공항에 사무실을 두지 않고 비즈니스 여행객도 상대하지 않는다. 그 대신 퍼플 카우를 창조했다. 엔터프라이즈는 당신의 차가 정비소에 들어가 있거나 사고로 박살이 났을 때 렌터카로 당신을 태우러 나온다.

이 틈새를 공략하는 건 정말 뻔하지만, 이렇게 근본적으로 차별화하는 능력 덕분에 엔터프라이즈는 수익성도 높고 빠르게 성장하는 회사가 됐다. 안전한 길은 역시나 위험하다.

🐂 많은 이들의 생각대로였다면, 블룸버그Bloomberg는 인터넷이 나오면서 사라져야 했다. 그러나 이 맞춤형 컴퓨터는 여전히 월 스트리트의 거의 모든 주요 회사의 책상 위에 자리하고 있다. 누가 뭐라 해도 인터넷은 엄청난 양의 정보에 접근할 수 있게 해주고, 비교적 사용하기도 쉬우며, 정보 제공자도 다양하고, 대부분은 무료로 이용할 수 있다.

반면에 블룸버그는 아주 비싸고(1달 사용료가 1,000달러가 넘는다) 사용하기 까다롭다. 그런데 바로 이 점이 주식 중개인들과 투자자들이 블룸버그를 고집하는 이유다. 그들은 이미 블룸버그 사용법을 배우기 위해 많은 고통을 겪었고, 그 전문적 기술을 포기하지 않으려 한다.

☛ 미국 NBA 농구팀 워싱턴 위저드Washington Wizards의 억만장자 소유주 테드 리온시스Ted Leonsis가 맨해튼의 포시즌스에 머무는 이유가 무엇일까? 그 사람이라면 원하는 곳 어디든지 머무를 수 있는데 말이다. 내가 아는 한, 그가 거기에 머무는 이유는 호텔 카페의 종업원들이 그에게 어떤 아이스 티를 갖다줘야 하는지 알기 때문이다. 길고 얇은 잔에, 얼음을 넣고, 아주 단 설탕물이 든 작은 유리병을 옆에 따로 갖다주는 것 말이다. 그는 그렇게 해달라고 부탁하지 않는다. 종업원들이 먼저 그렇게 가져온다. 그 호텔에서 테드를 만나는 모든 사람은 이 점을 알고 있다. 내가 생각하기에 테드는 이 점을 흐뭇하게 여기는 것 같다. 무언가 개인화된 서비스를 제공하면, 사람들은 자신이 특별하다고 느낀다.

☛ 엘엘빈은 카탈로그 판매를 신뢰하지 않는 사람들에게도 카탈로그 판매로 옷을 팔 수 있다. 그 이유는 바로 보증 제도 때문이다. 바지 1벌을 사서, 불을 붙여 태운 다음, 그 재를 보내보라. 그러면 엘엘빈이 당신 돈을 환불

해줄 것이다. 이런 이야기들 때문에 스니저가 입소문을 내기 쉽다.

🐂 농구 선수 샤킬 오닐Shaquille O'Neal은 어떤 종류의 오토바이를 가지고 있을까? 제시 그레고리 제임스Jesse Gregory James는 맞춤형 오토바이 제조업체인데, 10만 달러짜리 대형 오토바이를 생산한다. 오토바이는 모두 수작업으로 만들어지고 완성하는 데 몇 달씩이나 걸리지만, 아주 이윤이 높다. 그리고 몇 년이나 기다려야 하는 대기자 명단이 있다. 이렇게 비싼 오토바이를 살 여유가 있는 사람은 오직 자신만을 위해 생산된 오토바이를 원한다. 무언가를 아주 비싸고 완벽한 맞춤형으로 만드는 행위는 그 자체로서 리마커블하다.

🐂 허머Hummer는 너무 크고, 너무 넓고, 너무 못생겼다. 차라고 하기에는 너무 비효율적이다. 이 차는 일반 도로에는 어울리지 않는다. 이 차를 마주치면 대부분의 사람들은 짜증이 난다. 물론 허머를 사는 사람들만 빼고.

그렇다고 허머를 모는 사람들 상당수가 갑자기 도로를 벗어나서 경사지고 모래투성이인 언덕을 달릴 필요가 있는 것도 아니다. 허머 운전자들은 그저 다른 사람들을 짜증 나게 하는 걸 좋아한다. 그들은 정말로 리마커블한 차를 모는 걸 즐긴다.

🐂 영화 관계자들이 지구의 반 바퀴나 돌며 칸 영화제에 참석하는 이유가 무엇일까? 그곳의 파티가 재미있기는 하지만, 그것만으로는 도저히 불편함이나 투자한 시간과 돈을 만회하기 힘들다. 이유는 간단하다. 영화 관계자들은 무언가 리마커블한 일이 거기서 벌어질 것이라는 사실을 알기 때문이다. 어떤 영화나 감독이나 배우가 기삿거리를 제공할 것이다. 영화 관계자들은 새로운 무언가를 발견할 것이고, 바로 이것이 그들이 칸에 가는 이유다. 어떻게 하면 당신의 제품이 기사로 실릴 수 있을까? ('기삿거리 조작하기'와 '기사가 될 만한 일 하기' 사이에는 커다란 차이가 있다. 과대광고로 TV에 나오는 건 장기적으로 좋은 전략이 아니다. 정말로 당신이 무언가 전할 소식이 있을 때 더 효과가 크다.)

☙ 나의 아들이 어디서 새로운 반려동물을 데려왔는지 아는가? 구글에 '반려 개구리frog pet'를 쳐봐라. 그로우어프로그닷컴growafrog.com 사이트가 나온다. 이 회사는 20년 동안 단 1가지 일만 해왔다. 올챙이를 작은 플라스틱 어항에 담아 파는 일이다. 내 아들은 벌써 친구 20명에게 이 회사를 소개했다. 함께 배달된 개구리에 대한 책자 덕분에 친구들에게 얘기하기가 한결 쉬워 보였다. 지나칠 정도로 틈새시장에만 집중한 이 회사는 소비자들에게 당연한 선택이었다.

뉴욕에 있는 2개의 가게도 마찬가지다. 하나는 저스트 벌브스(오직 전구만)라 불리고, 다른 하나는 저스트 셰이즈(오직 전등갓만)라 불린다. 그렇다고 이 둘이 무슨 관계가 있는 건 아니다. 그렇다고 가까이에 있는 것도 아니다. 그러나 정말로 리마커블하다는 점에서는 똑같다.

☙ 당신은 볼보Volvo에 대한 얘기를 들어봤을 것이다. 하지만 이 작은 나라가 어떻게 수익성 높은 틈새를 겨냥한 자동차를 생산할 수 있는지 그 이유는 잘 모른다. 이 나

라는 자기들이 무엇을 놓쳤는지도 잘 모르는 사람들에게 스니저들이 볼보 차를 아주 쉽게 팔 수 있게끔 했다. 많은 사람들이 볼보를 못생긴 차로 생각한다는 사실이야말로 대화의 완벽한 출발점이다. 당신이 이 이야기를 100번도 넘게 들었을 것이라는 사실 또한 이것이 효과가 있다는 증거이기도 하다.

🐂 그 긴 상자를 기억하는가? 10인치 길이의 마분지는 수년간 CD를 포장하는 데 사용됐다. 음반 회사들은 포장의 여백을 마케팅 공간으로 이용할 수 있다고 생각했고, 판매상들은 긴 포장 덕분에 음반 절도가 줄어들 것이라 판단했다.

하지만 불만을 제기했다. 소비자들이 그런 포장을 싫어했을 뿐만 아니라, 이 일회용 포장을 인쇄하기 위해 나무 수백만 그루가 불필요하게 잘려 나가고, 쓰레기 매립장은 포장의 파편으로 쌓여간다는 사실을 지적했다. 이들의 캠페인은 결국 성공했는데, 이 일과 관련된 당사자 중 누구도 크게 양보할 필요가 없었기 때문이다.

그 캠페인 소식은 잽싸게 퍼져나갔고, 대형 회사들은 못 이기는 척하면서 보이콧의 위협에 고개를 숙였다. 긴 상자 생산을 중단했으며, 환경 문제에 신경을 쓰는 것처럼 보이려고 했다.

🐂 컴퓨터는 기술이 제품을 리마커블하게 만들 수 있다는 걸 보여준 명백한 예시다. 그럼 수제품 시계의 경우는? 어떤 시계 제조 회사는 일주일에 1번만 감아주면 되고, 달의 모양을 추적하며, 앞으로 50년간 자동으로 윤년을 기억하는 장치를 5만 달러 이상에 판다. 놀랍게도 시계가 복잡하면 복잡할수록, 대기자 명단도 점점 더 길어진다. 이제까지 나온 가장 복잡한 시계를 사려면 2년 넘게 기다려야 한다. 이런 시계들은 결코 대중을 겨냥한 상품이 아니다. 그러나 이것들은 복잡하다는 이유로 팔린다(구매자가 시간이 정확하고 실용적인 시계를 원한다면, 50달러짜리 카시오 시계를 살 것이다).

🐂 코미디언 버디 해킷Buddy Hackett은 웃길 만한 얘기가 없을 때는, 그저 욕을 하면 된다는 사실을 오래전에 터득했다. 사람들은 그걸 좋아했다. 오늘날 어떤 영화, 음반, 책, 술집은 일반적인 취향에 의도적으로 반기를 드는 전략이 먹혀들어 성공하기도 한다.

가장 좋은 예는 존 워터스John Waters다. 그의 첫 번째 영화는 너무 추잡해서, 대부분의 사람들은 볼 가치조차 없다고 생각했다. 하지만 기괴한 취향을 가진 얼리 어댑터들은 달랐다. 그들은 앞다투어 주변에 얘기했고, 워터스의 명성은 확립됐다.

현재 그의 동명 영화를 각색한 '헤어스프레이Hairspray'는 브로드웨이에서 가장 잘나가는 뮤지컬이다. 문화적으로 더 무난한 길을 선택해서 같은 목적을 이루고자 했던 많은 사람들은 대부분 그만큼의 성공을 거두지 못했다.

♥ 우리 집 옆에 있는 한 음식점은 10대 1명을 고용해서 광대 옷을 입힌 다음, 주말마다 하루 종일 마술과 동물 풍선 만들기를 시켰다. 결과는 예상한 그대로였다. 아이들은 아이들에게 얘기하고, 부모들은 부모들에게 얘기했다. 그 결과 음식점은 주말마다 가족 손님들로 꽉 찼다. 아이디어는 어렵지 않았지만, 리마커블했다.

♥ 베스트 바이가 그들의 제품을 바꾸고 수수료를 없앴을 때, 이 회사는 연간 매출 2억 5,000만 달러에서 230억 달러로 도약하는 급성장의 토대를 세웠다. 판매상은 그저 상자만 옮기는 게 아니다. 판매상은 분위기와 거기서 일하는 직원들과 함께 물건을 판다. 베스트 바이는 판매 기법을 아주 다르게 했기 때문에 사람들은 주목하지 않을 수 없었다.

♥ '오픈 소스'라는 신화를 제외하고, 리눅스가 그렇게 많은 추종자를 가지고 있는 이유는 무엇일까? 1가지 이유는 리눅스 사용자가 되려면 정말로 헌신적이어야 하기

때문이다. 리눅스는 설치하기 힘들고, 많은 연습 없이는 사용하기도 힘들며, 전통적인 기업 IT 환경과의 통합도 쉽지 않다.

하지만 이 모든 난관들 때문에 헌신적이고 충성스러운 핵심 집단이 탄생했다. 이 집단은 더 많은 사람들이 리눅스를 사용하고 지원하는 데 시간을 투자하면 투자할수록, 이 운영 체제가 더욱 좋아지고, 소프트웨어와 사용자 인터페이스에 투자가 이뤄지며, 내부적 문제들도 사라질 것이라는 사실을 깨달았다. 제품의 문제점이 스스로 자산을 창조한 셈이다.

🐃 대부분의 동네에 하나씩은 있다. 3파운드짜리 스테이크를 50달러에 팔고, 만약 그것을 다 먹으면 돈을 돌려주는 스테이크 집 말이다. 소문은 퍼지고, 사람들이 몰린다. 스테이크를 먹기 위해서가 아니라, 그 아이디어가 상당히 리마커블하기 때문이다. 아주 어려운 슬로프가 있는 스키장이나 무한대로 DVD를 빌려주는 비디오 대여점에서도 똑같은 일이 벌어진다.

❦ 우리의 삶에는 어느 때보다 더 많은 위험이 도사리고 있다. 많은 회사들이 페더럴 익스프레스Federal Express를 이용하는 이유도 이것 때문이다. 엘엘빈이 페덱스로 바꾼 건 사람들이 물건이 빨리 배달되기를 원해서만은 결코 아니었다. 실시간으로 패키지를 추적할 수 있는 기능과 확실한 배송 날짜 덕분에 이제는 사람들이 안심할 수 있게 됐기 때문이다.

❦ 당신은 세상에서 가장 빠른(14초 만에 시속 250마일에 도달하는) 오토바이의 전체 생산 물량을 동나게 만드는 사람들 가운데 그래도 10명 가운데 그래도 1명은 최고 속도까지 올려볼 것이라고 생각하는가? 물론 그렇지 않다. 하지만 25만 달러짜리라면, 그럴 만하지 않을까? 당신의 제품은 측정할 만한 가치가 있는 어느 분야에서든 최고인 데가 있는가?

☛ 당신 제품이나 서비스의 일부에 문제가 생기면 무슨 일이 벌어지는가? 누군가 나타나서 고쳐주는 데까지 얼마나 걸리는가? 내 파워북이 고장났을 때, 나는 애플에 전화했다. 2시간 뒤에 트럭이 도착하더니 상자에 나의 맥Mac을 담아 사라져버렸다. 그리고 48시간 뒤에 다시 가져왔다.

이건 무슨 이목을 끌려는 행동도 아니고, 멍청한 이타주의도 아니다. 애플은 애플케어를 팔아 이익을 남기며, 이러한 이야기가 만드는 입소문에 즐거워하고 있다.

☛ 가장 소리가 큰 카스테레오를 뽑는 콘테스트가 있다. 이 스테레오들은 너무 소리가 커서 차에서 틀면 귀가 먹을 정도다. 현재 챔피언은 747 제트기보다 8배나 시끄럽다. 그런데도 사람들은 가장 소리가 큰 스테레오를 찾아 수십만 달러를 쓴다. 그리고 다른 수천 명의 사람들은 콘테스트에서 우승하는 브랜드를 산다. 실제로 그렇게까지 크게 틀어보기 위해서가 아니라, 그렇게 할 수 있다는 걸 그저 알기 위해서 말이다.

☛ 반대로 자기에게 중요하다고 생각하면, 작은 소음 하나 제거하는 데 막대한 돈을 쓰는 사람들도 있다. 조용한 창문, 건물, 동네, 노트북, 자동차까지. 각각의 경우, 데시벨을 하나 더 줄이기 위해 추가로 드는 돈이 종종 그전 데시벨 하나를 줄이기 위해 냈던 돈의 2배가 되기도 한다. 보스Bose의 잡음 제거 헤드폰을 옆자리에 앉은 사람에게 홍보하느라 바쁜 여행객을 보라. 아이디어 바이러스가 작동하고 있음을 눈으로 볼 수 있지 않은가.

☛ 이케아는 그저 그런 염가 가구 매장이 아니다. 싼 것을 살 수 있는 데는 많다. 그러나 대부분은 이케아에서 같은 가격에 살 수 있는, 모양과 기능이 모두 다 뛰어난 제품을 제공하지 못한다. 지난해 이케아는 유럽과 미국에서 같은 가격대 가구 소비의 25%를 넘게 차지했다. 이 놀라운 수치는 광고의 결과가 아니다. 이는 분명 이케아의 따라올 수 없는 품질과 가격의 조합에 소비자들이 반응한 결과이다.

🐂 복권은 적은 투자로 엄청난 성공을 누릴 수 있다. 누적 당첨금이 기록을 경신하면(1억 달러는 억만장자에게조차 어마어마한 돈이다), 복권 판매는 기하급수적으로 늘어난다. 아이러니하게도 당첨 확률은 평소보다 훨씬 더 나빠지고, 따라서 이왕 복권을 사는 어리석은 짓을 하려면 누적 당첨금이 2,000만 달러일 때 사는 게 더 현명하다. 그런데도 왜 판매액이 올라가는 걸까? 그건 많아진 누적 당첨금의 리마커블한 특성 때문이다. 사람들은 그것에 대해 얘기하고 또 당첨을 꿈꾸게 된다.

🐂 왜 어떤 사람들은 필터 없는 담배를 피우고, 도수 높은 술을 마실까? 어쩌면 그것은 그런 사람들이 위험과 자기 파괴를 좋아하기 때문일지도 모른다. 제품의 극단적인 특성 때문에 일부 소비자층에게 호감을 사는 것이다.

🐂 어떤 제품이나 서비스의 용도가 위험을 피하는 것이라면, 위험을 최소화하는 해결책이야말로 얘기할 만한 가치가 있다. 내가 변호사라면, 나는 아주 좁은 틈새분야

를 전문으로 삼아서 어떤 특정한 종류의 소송에서 변호하는 일에 세계 최고가 될 것이다. 만약 당신의 회사가 그런 소송의 피해자라면, 누구를 고용하겠는가? 오직 그런 사건만 변호하는 전문가를 고용하겠는가, 아니면 당신네 지역의 법률 회사를 고용하겠는가? 어떤 사람에게 이 같은 문제가 생기면, 그는 바깥으로부터의 마케팅 메시지에 적극적으로 귀를 기울일 것이고, 적임자를 찾아 나서서 결국에는 실패할 확률이 제일 적어 보이는 사람을 발견할 것이다.

🐂 사람들은 왜 카이트보딩Kiteboarding을 할까? 스키나 스노보드를 타도 되는데 말이다. 카이트보딩은 요즘 가장 빠르게 성장하는 스포츠 중 하나다. 보드에 발을 잡아매고, 커다란 연에 매달린 채, 시속 30마일로 물 위를 가로질러 달린다. 물론 해변에서 발이 걸리지 않는다면 말이다. 너무 위험하기에 카이트보딩은 얘기할 만한 가치가 있다. 너무 위험하기 때문에, 새롭고 위험한 스포츠를 찾아 나서는 사람들이 그것에 끌리는 것이다.

☙ 소더비Sotheby's나 소호Soho의 미술관에 가 본 적이 있는가? 당신은 거기서 일하는 사람들이 정말로 아름답다는 걸 알아차렸을 것이다. 내면이 아름답다는 게 아니라, 외모가 훌륭하다는 뜻이다. 나는 생각해봤다. 만약 흔하게 있는 배관 공사 회사가 안내 데스크 직원으로 아름다운 남자 모델을 채용한다면 어떻게 될까? 사람들 사이에서 화젯거리가 되지 않겠는가.

☙ 나는 며칠 전 공항에서 바삐 움직이다가, 공항 내 어떤 매장에도 리마커블한 옷을 입고 있는 직원이 없다는 걸 발견했다. 왜 공항 아이스크림 가게 직원들에게 분홍색 줄무늬 옷에 나비 넥타이를 입히지 않을까? "저기요, 공항에 이상한 옷 입은 사람들이 있던데 보셨어요?"

☙ 쉽게 간과되지만, 외모만큼 중요한 게 목소리다. 전화번호 안내 서비스에서 영화 '라이온킹'의 '무파사' 목소리로 유명한 제임스 얼 존스James Earl Jones의 환영 인사를 듣는다면, 사람들의 반응은 달라질 것이다. 초창기 무비

폰(전화-인터넷 영화 예매 서비스 – 역자 주)은 친구들이 짜증 나는 목소리라고 한 그 목소리를 들어보고 싶다는 이유로 전화를 건 호기심 많은 사람들 덕분에 성공했다.

🐂 나는 내 의사 선생이 좋다. 내가 아프지 않기 때문이기도 하지만(그가 하는 일의 일부이다), 내가 찾아가면 아주 많은 시간을 내주기 때문이다. 그가 마케팅 도구로서 이렇게 하는 건 아니라고 생각한다. 그는 진심으로 마음을 써준다는 게 내 생각이다. 그리고 그것은 리마커블하다. 내가 수많은 환자들에게 그를 추천했을 정도로 리마커블하다.

🐂 지구상에서 가장 크고, 가장 수익성이 높고, 가장 두려운 유통업체가 월마트라는 데 반대할 사람은 없을 것이다. 그런데 월마트가 아마존닷컴을 따라잡기 위해 미친 듯이 노력하고 있을 때, 사무실에 무슨 현수막을 걸어놓았는지 아는가? '아마존처럼 해서는 아마존을 몰아낼 수 없다You can't out-Amazon Amazon.'

이건 대단한 통찰력이다. 이 강력한 유통업체조차 단순히 아마존의 장점을 모방해서는 충분치 않다는 사실을 깨달았다. 일단 누군가 먼저 표준을 수립했다면, 그것을 대충 모방하려고 시도하는 건 바보 같은 짓이다. 민주당은 결코 공화당처럼 해서 공화당을 이길 수 없고, 리복Reebok은 나이키처럼 해서 나이키를 이길 수 없으며, 제트블루는 아메리칸 항공을 이기기 위해 아메리칸 항공식으로 하지 않았다. 당신은 경쟁자가 가지 않은 길로 가야 한다. 멀리 가면 멀리 갈수록 더 좋다.

🐂 미국우정공사는 짜증 나는 사람들만 고용하는 건지, 직원들을 그렇게 훈련하는 건지 모르겠다. 당신은 차량관리국에서의 불쾌한 경험을 사람들에게 얼마나 많이 얘기했는가? 이에 대한 해결책은 그렇게 비싸지 않다. 당신의 사업이 정말로 독점이 아니라면, 리마커블하기 위한 한 방법으로 매우 친절한 사람을 쓰는 데 투자하는 건 그럴 만한 가치가 있다.

☙ 음반 산업이 죽어가고 있다는 것, 그리고 영리한 사업가라면 음악 분야에서 돈을 벌기 위해 큰 사업을 벌이지는 않는다는 사실은 누구나 알고 있다. 하지만 이런 얘기를 미카 솔로몬Micah Solomon이나 데이비드 글래서David Glasser나 데릭 시버스Derek Sivers에겐 하지 말라.

미카는 오아시스 CD 매뉴팩처링을 운영하는데, 이 회사는 인디 뮤지션의 CD를 제작하는 데 미쳐있다. 미카의 리마커블한 행동 중 예를 하나 들어보면, 그는 정기적으로 미국 내 모든 주요 라디오 방송국에 샘플 CD를 보낸다. 당연히 그 CD에는 자기 고객의 음악만 들어있다. 데이비드가 동업자 몇 명과 함께 운영하는 에어쇼 마스터링은 소니와 인디 뮤지션들을 위해 최첨단의 CD 원판을 제작한다. 데이비드는 음악가들이 꿈을 실현하도록 돕는 데 놀라운 활약을 하고 있다.

그런데 이 두 회사는 음반이 팔릴 준비가 됐을 때 음악가들을 어디로 보낼까? 인터넷 최고의 음반 가게인 시디베이비닷컴CDBaby.com으로 보낸다. 데릭은 문자 그대로 수천 개의 인디 계열 작품들을 판매하는데, 사업이 아주 성공적이어서 (그리고 동업자들을 아주 존중하기 때문에) 새 음악가와 새 고객을 끌어들이기 위해 필요한 유일한 광고는 입소문뿐이다.

시디베이비닷컴, 오아시스 CD 매뉴팩처링, 에어쇼 마스터링을 잠깐만 둘러보면, 이 3개의 회사가 얼마나 리마커블한지 금방 알 수 있다. 그들은 눈에 띄는 것과 사라지는 것, 이 2개의 선택이 있다는 사실을 잘 이해하고 있다.

죽어가는 산업을 목표로 삼는 사업은 모두 성공할까? 당연히 아니다. 그러나 이 회사들은 느리게 움직이는 산업 안에서 번성할 틈새를 공략하는 것도 통할 수 있다는 사실을 입증했다. 만약 당신이 리마커블하기 위해 필요한 걸 투자할 준비가 돼 있다면 말이다.

🐂 코네티컷 주 스탬포드Stamford의 브록스 레스토랑Brock's Restaurant 메뉴판에는 이런 글귀가 적혀 있다.

....

죄송합니다! 샐러드 바는 나누어 드시면 안 됩니다. 우리

레스토랑의 합리적인 가격을 유지하기 위해 샐러드 바 음식을 나누어 먹지 않는 정책을 지켜주세요. 혹시 마음이 바뀌어서 샐러드 바를 즐기고 싶다면, 샌드위치나 다른 메뉴와 함께 주문 시 2.95달러에 드립니다. 이해와 협조에 감사드립니다.

....

이것을 프론티에르Frontière라 불리는 음식점의 포도주 정책과 비교해보라. 주인은 테이블마다 뚜껑을 딴 포도주 병을 올려놓고, 식사가 끝나면 손님은 웨이터에게 몇 잔을 마셨는지 얘기한다. 신용 시스템이다.

어느 쪽이 더 긍정적인 평을 받을 만한가? 마케팅적 측면에서의 이익은 제쳐놓더라도, 어느 쪽이 더 많은 추가 이익으로 이어질까? (힌트: 포도주 2잔 값이면 도매상에서 1병을 살 수 있다.)

☞ 레스토랑 음식에 관한 고딘의 3번째 법칙에 따르면, 피자 가게 종업원의 친절도는 음식의 질에 반비례한다. 뉴욕주 마운트 버논Mt. Vernon에 있는 조니스 피자Johnny's Pizza는 내가 단골이 된 지 5년이 지났는데도 아직도 소리를 질러댄다.

코네티컷주 뉴 헤이븐New Haven에 있는 루이스 햄버거 샥Louis's hamburger shack은 아무리 부탁해도 햄버거에 케첩을 뿌려주지 않는다. 이 이야기는 인터넷과 입소문으로 잘 알려져 있다.

그리고 또 아주 멋진데도 잘못 이해되곤 하는 수프 사업가 앨 예가네Al Yeganeh의 경우 그의 바닷가재 수프 Lobster Bisque를 사려면 몇 시간이고 줄을 서서 기다려야 한다. 규칙을 잘 알지 못하면, 수프를 팔지도 않는다. 멍청한 규칙을 만들고 정말로 못된 웨이터를 고용해서 당신의 음식점을 유명하게 할 수 있을까? 물론 그럴 수 있을 것이다.

한계를 탐험하라. 당신이 가장 싸다면, 가장 빠르다면, 가장 느리다면, 가장 뜨겁다면, 가장 차갑다면, 가장 쉽다면, 가장 능률적이라면, 가장 시끄럽다면, 사람들이 가장 싫어한다면, 남의 것을 그대로 베꼈다면, 이단자라면, 가장 어렵다면, 가장 오래됐다면, 가장 새것이라면, 가장 …하다면, 어떻게 될까? 한계가 있다면 반드시 그것을 시험해봐야 한다.

소금은 지루하지 않다: 퍼플 카우를 작동하는 8가지 방법

지난 50년 동안, 모턴Morton은 소금을 지루한 상품으로 만들었다. 모턴 본사에 있는 사람들은 소금 사업에서 퍼플 카우의 가능성은 하나도 없다는 데 기꺼이 동의할 것이다.

다행인 것은 프랑스에서 손수 바닷물로 소금을 생산하던 사람들이 이걸 몰랐다는 사실이다. 이들은 그 뛰어난 소금을 파는 대가로 파운드당 20달러의 일정한 수입을 올리고 있다. 얼마 전 하와이 사람들도 이 시장에 뛰어들었는데, 미식가들이 찾는 음식점에서 큰 반향을 불러일으키고 있다. 한편 그냥 보면 지루해 보이는 다이아몬드 코셔Diamond Kosher 소금은 최근 연간 매출액이 수백만 달러로 늘었다. 이 소금이 음식에 들어가면 더 좋은 맛을 내기 때문이다.

당신의 제품이 소금보다 더 지루한가? 그렇지 않을 것이다. 그렇다면 당신 고객의 일부에게 호감을 살 수 있도록 제품을 변화시키는 방법 10가지를 생각해 보라.

작게 생각하라. TV-산업 복합체가 남긴 흔적 가운데 하나가 크게 생각해야 한다는 것이다. 과거의 사고방식에 의하면 모든 이에게 호감을 사지 못하는 건 해볼 만한 가치가 없었다. 이제는 그렇지 않다. 상상할 수 있는 한 가장 작은 시장을 생각해 보고, 리마커블한 특성으로 그 시장을 뒤흔들 수 있는 제품의 모습을 그려라. 거기서부터 시작하라.

아웃소싱하라. 제품을 다채롭게 하는 데 공장이 방해된다면, 다른 데를 찾아라. 당신의 제품을 기꺼이 맡아서 생산할 수 있는 전문 제조 시설이 많이 있다. 거기서 잘되고 난 다음에는 공장에서도 기꺼이 그 제품을 다시 생산하려고 할 것이다.

허락 자산을 구축하고 활용하라. 일단 당신의 충성 고객들에게 직접 얘기하는 게 가능해지면, 놀랄 만한 제품을 개발해서 파는 일도 한결 수월해진다. 광고, 도매상, 소매상과 같은 여과망 없이도 훨씬 더 리마커블한 제품을 창조할 수 있다.

베껴라. 당신이 속한 산업이 아니라, 다른 산업에서 베껴라. 당신의 산업보다 더 지루한 산업을 찾아 누가 리마커블한지 알아낸 다음, 그 회사가 한 것을 베껴라.

한 걸음 더 나아가라. 아니면 두 걸음 더 나아가라. 첨단을 걷는다고 여겨지는 경쟁사를 찾아 그 회사를 능가하라. 그 회사가 무엇으로 유명하건 그것을 더 많이 하라. 그보다 더 좋은, 더 안전한 길은 그 회사가 하는 걸 정반대로 하는 것이다.

당신이 속한 산업에서 아직 행해지지 않은 것을 찾아 실천하라. 제트블루는 탑승객 복장 규정을 검토한 적이 있다. 또한 비행기 탑승객 가운데 '베스트 드레서'를 뽑아 무료 항공권을 증정하는 아이디어 역시 검토 중이다. 성형외과 의사는 상품권을 선물할 수 있다. 출판사는 책값을 할인해서 내놓을 수 있다. 스튜 레너즈는 딸기를 작은 녹색 플라스틱 바구니에 담는 대신, 고객들이 직접 자기 것을 고르게 했다. 그랬더니 매출이 2배로 뛰었다.

"왜 안 되는데?"라고 질문하라. 당신이 하지 않는 것은 대부분 그래야 할 이유가 없다. 두려움이나 타성, 또는 "왜 안 되는데?"를 과거에 물어본 일이 없어서 생긴 결과이다.

오웰이라면 뭐라고 말할까?

다음 페이지에는 메모해뒀다가 써먹을 수 있는 문구를 몇 개 준비했다. 잘 활용하며 리마커블한 무언가를 얻길 바란다.

Don't Be Boring
지루해지지 마라

Safe Is Risky
안전한 길은 위험하다

Design Rules Now

디자인이 세상을 지배한다

Very Good Is Bad

아주 좋은 것은 나쁘다

옮긴이의 말

팬케이크에 대해 잠깐 얘기해보자.

한국 사람에게 팬케이크는 평범한 음식이다. 표준국어대사전의 정의를 빌려보면, '밀가루에 달걀, 우유, 설탕을 한데 반죽하여 팬에서 구운 빈대떡 모양의 말랑한 케이크'가 맛있어 봐야 얼마나 맛있겠는가. 제주도 여행길에 숙소에서 먹어본 팬케이크도 그렇고, 해외 호텔에서 먹어본 팬케이크도 별반 다르지 않았다. 언젠가부터 하나둘 팬케이크 전문점이 생겨났지만, 굳이 전문점까지 생길 정도로 팬케이크가 대단한 음식이라고 생각해본 적은 없었다.

출판사로부터 '원서 출간 20주년 뉴 에디션' 소식을 듣기 며칠 전의 일이다. 아내가 주말에 꼭 한번 같이 가보고 싶은 팬케이크 식당이 있다고 했다. 아침 일찍 '오픈런'을 노리거나,

아예 늦게 가지 않으면 대기 고객이 수십 명을 넘기는 것은 예사인 곳이었다. 나는 고작 팬케이크를 먹으러 주말 아침부터 호들갑을 떨어야 한다는 사실을 이해하지 못했다. 아내는 일단 가보면 생각이 달라질 것이라고 자신 있게 추천했고, 가게 이름이 뭐냐는 질문에 오리지널팬케이크하우스The Original Pancake House라고 답했다.

음식점에 도착해서 대기자 명단에 이름을 올리고 나니 '사업 원칙'이라고 적힌 문구가 눈에 띄었다. '식자재 원가를 기록하지 마라Don't keep track of food costs', '광고하지 마라Don't advertise', '계산기 두드리지 마라Don't crutch numbers', '경쟁업체 신경 쓰지 마라Ignore the competition', '버터를 숭배하라Worship butter'. 예사롭지 않은 원조 맛집의 고집 같은 게 느껴졌다.

아내가 자신 있게 추천한 데에는 이유가 있었다. 팬케이크가 이렇게 맛있을 수 있을까 싶었다. 팬케이크의 새로운 세계에 눈을 번쩍 뜨게 되었다면 과장일까? 이날 이후로 이 식당은 내가 가장 좋아하는 브런치 레스토랑이 되었다. 외식을 그다지 좋아하지 않는 중년의 아저씨가 주말 아침에 먼저 가서 대기자 명단에 이름 올리기를 마다하지 않을 정도니까.

세스 고딘이 옳았다. 이 식당은 '평범한 사람들을 위해 평범한 음식을 만든 다음 광고로 손님을 끌어들이려' 하지 않았다. 오리지널팬케이크하우스는 '리마커블한 제품을 만드는 데 온 노력을 기울였다. 관심을 가진 사람들을 위한 리마커블한 제품을 만드는 것. 그리고 그 맛을 본 사람들은 주변에 소문을 퍼뜨린다.'

20년 전에도 그랬고 20년이 지난 지금도 이게 이 책이 하고자 하는 이야기이다. 광고가 아닌 리마커블 마케팅 이야기. 2003년 미국인 저자의 집 근처 순두부찌개 식당이든, 2023년 한국인 역자의 집 근처 브런치 레스토랑이든, 사업의 성공과 실패는 여기에 달려있다.

2023년 5월

이주형

저자 소개

세스 고딘 SETH GODIN

세계에서 가장 영향력 있는 마케팅 구루. 스탠퍼드 경영대학원에서 MBA 과정을 마치고, 다양한 글로벌 기업의 CEO를 역임했다. 온라인 마케팅 기업 요요다인 설립 이후 온라인 다이렉트 마케팅 방법을 창안해 수백 개의 기업을 지도했다. 야후의 마케팅 담당 부사장, 온라인 커뮤니티 서비스 스퀴두의 CEO로도 활약했다.

2013년 다이렉트마케팅협회(DMN) 명예의 전당에, 2018년 미국마케팅협회(AMA) 명예의 전당에 헌액되었다. 30여 년간 글로벌 마케팅의 개념을 새롭게 정의하고, 기업 중심의 마케팅에서 고객 중심의 마케팅으로 바꿔낸 위대한 공로의 결과였다. 저서로는 《마케팅이다》, 《더 프랙티스》 등이 있다.

역자 소개

이주형

고려대학교 경제학과를 졸업했다. 대기업 금융 회사와 외국계 IT 시장조사 회사 애널리스트를 거쳐 소프트웨어 벤처기업에서 일했다. 2003년 마케팅 대행사를 창업하여 12년 동안 입소문 마케팅, 소셜 미디어 마케팅 분야를 개척했다. 이후 다양한 스타트업에서 재무, 인사, 법무, PR 등 경영관리 업무를 수행 중이다. 옮긴 책으로 《융합하라!》, 《입소문을 만드는 100가지 방법》 등이 있다.

남수영

영화 이론 및 미디어 연구자이자, 한국예술종합학교 영상이론과 교수로 재직 중이다. 서울대학교, 워싱턴주립대학교, 시카고대학교에서 공부했고, 뉴욕대학교에서 비교문학으로 박사 학위를 받았다. 현대 비평 이론과 시지각의 현상학을 연구하고 있다. 저서로는 《이미지 시대의 역사 기억: 다큐멘터리, 전복을 위한 반복》이 있다.

보랏빛 소가 온다 20주년 뉴 에디션

2023년 7월 12일 초판 1쇄 | 2024년 11월 8일 11쇄 발행

지은이 세스 고딘 **옮긴이** 이주형, 남수영
펴낸이 이원주 **경영고문** 박시형

책임편집 류지혜
기획개발실 강소라, 김유경, 강동욱, 박인애, 이채은, 조아라, 최연서, 고정용
마케팅실 양근모, 권금숙, 양봉호, 이도경 **온라인홍보팀** 신하은, 현나래, 최혜빈
디자인실 진미나, 윤민지, 정은예 **디지털콘텐츠팀** 최은정 **해외기획팀** 우정민, 배혜림
경영지원실 홍성택, 강신우, 김현우, 이윤재 **제작팀** 이진영
펴낸곳 (주)쌤앤파커스 **출판신고** 2006년 9월 25일 제406-2006-000210호
주소 서울시 마포구 월드컵북로 396 누리꿈스퀘어 비즈니스타워 18층
전화 02-6712-9800 **팩스** 02-6712-9810 **이메일** info@smpk.kr

ⓒ 세스 고딘(저작권자와 맺은 특약에 따라 검인을 생략합니다)
ISBN 979-11-6534-768-0 (03320)

쌤앤파커스(Sam&Parkers)는 독자 여러분의 책에 관한 아이디어와 원고 투고를 설레는 마음으로 기다리고 있습니다. 책으로 엮기를 원하는 아이디어가 있으신 분은 이메일 book@smpk.kr로 간단한 개요와 취지, 연락처 등을 보내주세요. 머뭇거리지 말고 문을 두드리세요. 길이 열립니다.